기독교문서선교회(Christian Literature Center: 약칭 CLC)는 1941년 영국 콜체스터에서 켄 아담스에 의해 시작되었으며 국제 본부는 미국 필라델피아에 있습니다. 국제 CLC는 59개 나라에서 180개의 본부를 두고, 약 650여 명의 선교사들이 이동도서차량 40대를 이용하여 문서 보급에 힘쓰고 있으며 이메일 주문을 통해 130여 국으로 책을 공급하고 있습니다. 한국 CLC는 청교도적 복음주의 신학과 신앙서적을 출판하는 문서선교기관으로서, 한 영혼이라도 구원되길 소망하면서 주님이 오시는 그날까지 최선을 다할 것입니다.

추천사 1

김 인 철

미술 평론가, 『내 손안의 작은 미술관』의 저자

고등학교 시절 문학 동아리를 함께 하면서 만났던 최정권 목사님. 그는 저에게 1년 선배입니다.

대학교에 입학해서도 함께 만나 문학을 얘기하며 발표도 하고 지냈습니다. 그러다가 군에 입대하는 일, 해외 유학, 지방으로의 이주 등등의 이유로 뿔뿔이 흩어져 몇십 년이 지났습니다.

그렇지만 최정권 형이 목회자가 되었다는 말은 몇 사람 건너 들으면서 지냈고 언젠가는 다시 만날 날이 오리라 생각했습니다.

그러다가 우리는 작년에 다시 만났습니다. 수십 년이라는 세월이 흘렀지만 바로 고등학교 시절의 선후배로 돌아가 형, 동생이라 부르고 있었습니다.

게다가 예수를 믿는 사람으로, 그림을 좋아하는 공통점 등을 다시 확인하고 네트워크라는 매체를 통하여 많은 글을 주고받으면서 지내고 있습니다.

이번에 최정권 목사님이 낸 책을 꼼꼼히 읽어 봤습니다.

사랑하는 분들과의 이별을 비롯한 뜨거운 가족 사랑, 그가 맡은 목회에 대한, 그야말로 진정성에서 우러난 고뇌와 상념, 계획, 실천 등을 책 속에서 느낄 수 있습니다.

자세한 내용을 들자면, 우리의 일상생활 속에서 쉽게 여겨 무시할 수 있는 관심과 취향을 그려 더욱 마음에 와닿게 한 것들인데 예를 들어, 여러 음식에 대한 글입니다. 결코 비싸거나 대단하지 않은 한 끼의 양식을 앞에 두고 최 목사님처럼 따뜻한 관심과 가치를 부여하는 분은 그리 많지 않다고 봅니다.

그리고 그림에 대한 사랑입니다. 짧지 않은 세월을 살아왔음에도 그림에 대한 자세는 아직도 열정적이라 직접 붓을 들고 작업하는 청년이 되어 그 평가 역시 매우 예리하게 내리고 있습니다. 그리고 그림과 더불어 미래를 설계하는 모습도 느낄 수 있습니다. 그런 기대 역시 바른 목회자의 한 모습 같아 기분이 좋아졌습니다.

책에서 직접 그린 컷들을 볼 수 있습니다.

미국과 한국에서의 삶과 믿음, 그리고 관련 환경이 조금 다르다는 사실을 새롭게 느낄 수 있었고, 당연하지만 가족을 사랑하는 특별한 장면들로 인하여 네트워크로 인하여 표피적이기만 한 관계가 범람하고 있는 시대에 진정한 가족애를 알게 됩니다.

이제 새봄이 되면 우리 주변을 에워싸던 무거운 질병의 장막이 걷히길 기원하면서 최 목사님이 쓴 '사랑의 글'이 주님의 축복처럼 따스한 메시지가 되어 우리가 겪었던 여러 어려움을 이겨 내도록 색다른 치유의 길을 알려 줄 것으로 굳게 믿어 봅니다.

추천사 2

홍은택
시인, 영문학자, 『노래하는 사막』의 저자

그를 만난 건 1974년 봄이었습니다. 고교 신입생들이 짧은 스포츠머리에 약간은 어색하고 멋쩍은 표정으로 주위를 두리번거리던 시절, 그는 나와 같은 반 급우였습니다. 기억이 맞다면 나는 26번, 그는 31번이었습니다. 그렇게 시작된 인연이 어긋나지 않고 지금까지 이어질 수 있었던 건 아마도 함께 활동했던 문예반에서의 추억 때문일 것입니다.

각자 다른 대학에 가서도, 그가 전도사를 거쳐 담임목사가 되었을 때도, 제가 시인이 되고 대학교수가 되었을 때도, 그와의 인연은 계속되었습니다. 이렇듯 그와 나는 50년 가까이 되는 세월을 서로 곁에서 지켜보며 살아왔습니다. 그런 그가 오랫동안 써온 글을 모아 수필집을 펴냅니다. 췌사(贅辭)가 될지라도 한마디 보태지 않을 수 없습니다.

책의 구성은 일곱 부분으로 나뉩니다. 미국, 목양, 먹방, 그림, 몸, 문밖, 가족 등의 소제목들이 그의 삶을 아치 모양의 무지개처럼 둘러싸고 있습니다. 그는 그 무지개를 접점으로 삼아 하나님과 소통해 왔을 것입니다.

그의 글이 보여 주는 다양한 색상 중에서 내가 **가장 먼저** 주목한 것은 목회자로서의 소명 의식이었습니다.

그는 무엇보다 경험을 중시하는 목회자입니다.

부인할 수 없는 진리는 머리로 깨우치는 이성으로 오지 않습니다. 진리는 내 눈으로 보고 내 귀로 듣고 내 입과 손으로 만지는, 내 삶의 경험에서 잉태되고 자라나는 것이라는 사실을 그는 깨달았습니다.

그는 그늘진 사람들과 늘 함께합니다.

공지영 소설 속 주인공 봉순이 같은 그늘에 남겨진 사람들을 함께 데리고 가려는 심성을 지녔습니다. 그는 "좀 덜 먹고, 더디 가고, 덜 모이더라도 다 같이 가는", "검은 세단이 아니라 걸어서 가는 길이라도 꼭 함께 가는 길"을 추구합니다.

그는 스스로의 방식으로 올곧게 나아가고자 합니다.

그는 뛰어난 설교자들의 스타일을 곁눈질하지 않으며 "시대의 조류나 유행을 따라가지 않고 등에 진 법궤에 담긴 말씀을 따라가게 해 달라"고 기도합니다. 그림에 비유하자면, 그리기의 기본기가 있는가를 묻지 않고 스스로에게서 생겨난 감각을 기본 삼아 그려 내야 한다는 생각을 가졌습니다. 이렇게 하는 것이 자신을 행복하게 만들고 어쩌면 삶은 그리고 목회는 투박하더라도 자신만의 방식으로 그려 내야 할 그림인지 모르겠다고 고백합니다.

그는 공동체로의 확장을 꿈꿉니다.

"사람의 행복은 관계에서 온다"고 여기는 그는 "소외보다 친밀함, 외로움 대신 관계가 있는 공동체가 있어야 한다"고 믿습니다.

그는 따뜻한 밥 한 그릇이 되는 설교를 추구합니다.

그는 손안의 설교 원고가 따뜻한 밥이 된다면, "그 밥을 먹는 이들 가슴이 뜨거울 수 있다면, 말을 짓고 밥을 짓는 설교자에게 얼마나 행복"한 일일까를 생각합니다. 하여 그는 오늘 만나는 모든 이들에게 따뜻한 한마디 건네기를 실천하는 목회자입니다.

그는 소처럼 우직하게 나아갑니다.

그가 사모하는 목회 스타일은 소입니다. "소걸음이라는 말처럼, 빠르지는 않지만 주인의 손에 이끌려 우직하게 자기 길을 가는 소" 한 마리를 마음속에 앉혀 놓고 기도 또한 그렇게 하는 목회자입니다. 그는 좌로 우로 치우치지 않고 자신의 길을 우직하게 뚜벅뚜벅 걸어갑니다.

두 번째로 발견한 그의 색상은 미식가로서의 섬세한 감각입니다.

"음식을 맛있게 먹는 건 식사 문제가 아니라 인생 문제"이며, "사람의 일생을 놓고 볼 때 자는 것과 일하는 시간 외에 다음으로 많이 소비되는" 것이 식사 시간이므로, "삶이 즐거우려면 먹는 기쁨이 있어야 한다"는 게 그의 지론입니다.

그의 식사론(食事論)을 따라가다 보면 음식을 먹는 일이 단순히 고픈 배를 채우고 몸에 영양을 공급하는 것 이상의 인생론(人生論)으로 승화되고 있음을 알 수 있습니다.

"그런 날이면 마셔 버린 국물 아래로 조각난 국수 가락이 못다 한 설교의 언어처럼 아쉽기만 하다"라든지, "달지만 달다고 말 못 하고, 시지만 시다고 할 수 없는 단맛과 신맛의 조화. 그렇다고 섞인 맛은 아닌 커피. 좋은 커피란 혀끝으로 맛보는 게 아닌 것 같다"에서 볼 수 있듯이 그의 글에는 삶의 다른 영역과 긴밀하고 정교하게 직조되어 인생의 단면을 꿰뚫는 예리한 통찰력이 번득입니다.

세 번째로 발견한 그의 색상은 명화 관람과 그림 그리기에 대한 열정입니다.

샤갈전 관람을 다녀와서는 구체적 작품명들을 언급하며 눈여겨보면 좋을 것이라 권하기도 하고, "관람을 끝내면 집으로 가지 말고 전시장 마당에서 마당을 지나는 바람과, 바람과 함께 찾아오는 햇살 아래 자신을 맡겨 보길 바란다"며 전람회에서 얻은 내면의 풍요로움을 잠깐의 여유와 함께 온전히 자기 것으로 누리라고 자못 진지한 조언을 하기도 합니다.

그가 "미술관 건너갈 때 어릴 적 양말 벗고 시내를 건너는 느낌"이었으므로 "그림 앞에 있다가 돌아오는 길이 행복의 단비로 가득"했을 것입니다.

그가 제시한 명화 관람의 여섯 가지 금언은, 내용 가운데 '그림'이라는 말을 '삶' 혹은 '인생'으로 바꾸어 놓는다면, 우리가 삶을 살아가면서 지침으로 삼아도 좋을 만큼 유용합니다.

이렇듯 평소에 명화 관람을 즐기는 그가 몇 년 전부터 그림 그리기에 빠져들었습니다. 이 책에도 자신이 그린 그림을 간간이 삽입해 놓았습니다. "그리다가 보면 마음속에 자리한 감정이 쑥 하고 나와 화폭에 들어가는 걸 느낄 때가 있"으며 "자기 몸으로 낳은 자식처럼 빠져나간 감정이 하얀 캔버스에 담긴 걸 보고 출산의 기쁨을 느낀다"니 앞으로 그의 그리기 작업은 계속될 것이 분명합니다.

하여 미래의 어느 날, 교인들과 나를 포함한 지인들은 그로부터 개인전 초대장을 받게 될지도 모릅니다.

마지막으로 주목한 그의 색상은 가족에 대한 사랑입니다.

엄마, 아버지, 할머니를 비롯해 아내와 형, 동생, 아들, 딸, 손자에 이르기까지 그의 가족 사랑은 애틋하기 그지없습니다. 최초로 갖게 된 중고차를 사준, 자신보다 어른스럽던 동생이 기억을 하나씩 잃어 가며 아파트 호수조차 잊어버리고 남의 집 앞을 서성거리거나 현관에 서서 신발 한쪽을 신고 나머지 한쪽을 바라보고만 있을 때 그의 가슴은 끝도 없이 미어집니다.

"떠나는 아들 뒷모습을 보고 뒤로 돌아앉던 내 엄마의 등이 얼마나 시렸을까 그때는 몰랐다. 재가 되어 백자에 담긴 내 엄마의 몸에 그렇게 많은 쇠붙이가 있었는지 그때는 잘 몰랐다"고 되뇌이며 아들은 엄마에 대해 아는 게 너무 없었다고 그는 탄식합니다. 그리하여 그가 어디서든 몇 번이고 되풀이하고 싶은 말은, "엄마 고마워, 사랑해 그리고 나 많이 미안해요…."

저는 다양한 색상을 가진 그의 글 속에서 그가 평생을 견지해 온 목회자로서의 소명과 음식에 대한 경건하기까지 한 느낌들, 그림을 향한 지속적인 열정, 어머니를 비롯한 가족에의 사랑과 추억 등등을 읽었습니다.

그것들 하나하나는 독립적이고 개별적인 것이 아니라 거미줄처럼 서로 얽혀서 최정권이라는 사람 전체를 이루고 있었습니다. 그건 마치 무지개가 빨, 주, 노, 초, 파, 남, 보, 일곱 가지 각기 다른 색의 합계가 아니라 '무지개색'이라는 애초에 나눠질 수 없는 온전하고 특정한 색이라고 말하는 것과 같습니다.

그의 글은 섬세하고 감각적이며 솔직합니다. 하지만 진리의 실체와 하나님의 섭리에 다가가려는 끝없는 노력이 그의 문체를 감각적 탐미주의에서 벗어나게 합니다. 문학 용어를 빌리자면 이는 영국 시인 T. S. 엘리엇이 말하는 "통합된 감수성"(unified sensibility)에 해당합니다. 즉, 이성과 감성, 지성과 감각, 사상과 감정 중 어느 한쪽으로 치우치지 않는 감수성을 의미합니다. 이것은 그가 경험의 필요성을 주장하면서도 진리 추구를 멈추지 않는, 사상과 진리를 추구하면서도 감각으로 체험하려는 그의 가치관에서 비롯된 결과로 보입니다.

그의 글을 읽다가 내 마음속에 여운을 길게 남긴 구절을 인용하며 마무리를 대신합니다.

> 나는 나를 사랑한다. 다른 사람을 부러워하거나 내가 아닌 다른 사람이 되고 싶지 않다. 그대로의 내가 좋다.

내 엄마의 등

My Mother's Back
Written by Jung Kwon Choi
All rights reserved.
Korean Edition Copyright ⓒ 2022 by Christian Literature Center, Seoul, Korea.

내 엄마의 등

2022년 5월 31일 초판 발행

지 은 이 | 최정권

편　　집 | 전희정
디 자 인 | 김소영, 서민정
펴 낸 곳 | (사)기독교문서선교회
등　　록 | 제16-25호(1980. 1. 18.)
주　　소 | 서울특별시 서초구 방배로 68
전　　화 | 02-586-8761~3(본사) 031-942-8761(영업부)
팩　　스 | 02-523-0131(본사) 031-942-8763(영업부)
이 메 일 | clckor@gmail.com
홈페이지 | www.clcbook.com
송금계좌 | 기업은행 073-000308-04-020 (사)기독교문서선교회
일련번호 | 2022-51

ISBN 978-89-341-2435-1(03230)

이 책의 저작권은 저자와 (사)기독교문서선교회가 소유합니다. 신저작권법에 의하여 한국 내에서 보호받는 저작물이므로 무단 전재와 무단 복제를 금합니다.

내 엄마의 등

최 정 권 지음

CLC

차례

추천사 1 **김인철** 미술 평론가, 『내 손안의 작은 미술관』의 저자 / 1
추천사 2 **홍은택** 시인, 영문학자, 『노래하는 사막』의 저자 / 3
저자의 말 / 14

하나. 미국 / 16

필라델피아 / 18
봉순이 언니 / 20
스케치 / 22
여행길에서 / 25
한국에 가면 / 27
미안해요 / 29

둘. 목양 / 32

도와주세요 / 34
장소 / 36
백일입니다 / 38
지하에서 지상으로 / 40
따뜻한 말 / 42
생일 카드 1 / 44
생일 카드 2 / 46
헌금 / 48
겨울이 오네요 / 50
얼굴 / 52
그 강물 속은 보이지 않았다 / 54
이상한 사랑 / 56
여러분 많이 힘들지요 / 60
분노합니다 / 62

나훈아와 송태근의 고향역 / 64
연예인 연합집회 / 67
좀 특이한 경험 / 70
최 군, 자네가 책 써 / 72
첫 번째 책이니까 … / 74
우직하게 갈 겁니다 / 76

셋. 먹방 / 78

맛있게 먹는 법 / 80
커피 1 / 82
커피 2 / 84
스미*부타동 / 86
명동 / 88
라면 / 90
냉면 먹는 법 / 92
설렁탕 먹는 법 / 95

넷. 그림 / 98

카페에 앉으면 / 100
그림은 운명적 만남에서 온다 / 102
미술관 추억은 / 104
자화상, 나를 그리다 / 106
우리 동네 미술관 / 108

상계동에서 모네를 만났습니다 / 110
행복이었는데 / 112
코로나 / 114

다섯. 몸 / 118

불편한 다리 / 120
계단 / 122
백병원 1 / 124
백병원 2 / 126
백병원 3 / 129
독백 / 131
서울대 병원 / 133
안과 수술 / 135
내시경과 바다 / 137
하늘 1 / 139
하늘 2 / 142

여섯. 문밖 / 144

도망가자 / 146
글을 쓰는 일 / 149
바다 / 151
이순신과 장범준 / 153
청양 버스 터미널 / 155

걸어야 보이는 것들 / 157
설렘 / 159

일곱. 가족 / 162

엄마 / 164
사랑해 / 167
내 엄마의 등 / 170
어미의 무덤 / 172
할머니 / 174
버려야 할 것들 / 176
가족사진 / 178
그리움 / 180
빈자리 / 132
형 같은 동생 / 184
양성 여자, 음성 남자 사이에 / 186
갇힌 이들을 위한 글 / 188

저자의 말

우물에서 물을 올리듯
마음의 생각을 글로 쓸 수 있다는 것이
눈에 보이고
마음에 비추는 것을
그릴 수 있다는 것이

잘 쓰고 못 쓰고
잘 그리고 못 그리고를 떠나서
제게는 행복이고 사랑입니다.
그 사랑은 멈추지 않고 지금도 진행 중입니다.

누군가 제게 이 책의 글 중에서
먼저 읽어 볼 것을 묻는다면

저는 '사랑해'를 말하고 싶습니다.

그 이유는
'내 엄마의 등'이 과거이며 내 기억 속의 현재라면
'사랑해'는 현재이며 미래이기 때문입니다.
사랑이 이 책의 이유입니다.

그런 의미에서
이 책은 사랑의 열매입니다.
미국과 한국의 교우들
책의 실마리가 되어 준 이강동 팀장님
좋은 추천사를 써 준 인철 후배와 친구 은택
여러 수고를 해 준 CLC
그리고 가족들 …
저를 사랑해 주시는 하나님께 감사드립니다.

하나

미국

여자를 만난 건
필라델피아 시내에 있는 한 대학 미술 작업실이었다.

그림을 배우고 싶었다.

코는 어떻게 그리는지
눈을 어떻게 표현되어야 하는지를 알고 싶어서
달려간 학교에서
미국인 교수가 들어가게 해 준 수업 시간에
내가 그린 첫 여자였다.
그 여자는 흑인이었다.

그 여자의 얼굴에서
동양인으로 미국에서 살아야 하는 내 외로움을 봤다.

하나. 미국 17

첫 모델

필라델피아

미국 필라델피아에 살면서 누군가 찾아오면 나름대로 소개하고 싶은 세 가지가 생겼다.

첫째는 미술관이다.

필라델피아미술관은 인상주의 작품이 많다. 그곳 유럽관에 들어서면 복도 이쪽에서 저쪽까지 300년 긴 세월이 그림 속에 강물처럼 흐르고 그것이 현대 미술에 접목되었는가를 볼 수 있도록 구성돼 있다. 작품 하나하나가 다 명화다.

둘째는 월남 국수다.

필라델피아는 일찍부터 월남 난민을 받아들인 도시, 곳곳에 월남 공동체가 자리 잡고 있었다.

우리가 말하는 월남 쌀국수를 필라델피아에서는 "퍼"(Pho)라고 하며 이 퍼는 필라델피아가 최고라는 평가를 받는다. 치킨 퍼는 어디가 잘하고 소고기 퍼는 어느 곳이 잘하는지 손바닥 눈금처럼 내 마음의 지도에 새겨져 있다. 월남 국수는 찬바람 불거나 비가 부슬 부슬 내리는 오후가 되면 저절로 생각나는 중독성을 갖는다. 퍼의 생명은 면발보다 국물이 좌우한다.

그들식 수저에 김이 모락모락 나는 국물을 담아 크게 말고 겸손히 벌려 입안으로 가져갈 때, 그 열과 특이한 향내가 나는 국물이 혀와 만나서 일어나는 감미로운 맛, 경험한 자가 아니면 누가 알 수 있을까?

셋째는 지노스 치즈 스테이크(Geno's cheese steaks)다.

영화 〈로키〉의 촬영 장소인 이태리 마켓 부근에 자리 잡은 가게의 특징은 질긴 빵과 불판에 익힌 소고기와 노란 치즈 소스에 있다.

이 집에서 스테이크를 먹는다면 빵을 먹기 전에 이탈리아 고추를 먹어 보는 것을 추천하고 싶다. 잔뜩 성이 난 듯한 둥근 이태리 고추, 탱탱하기가 공기 가득 찬 풍선과 같다. 앞니로 그 성나고 푸른빛 도는 고추를 물을 때 이 사이에서 퍼져 나오는 매운 국물이 질긴 빵 속으로 배어 들어간다. 글 쓰는 지금 내 입안 혀가 그 맛을 갈망하며 침이 고인다.

사도 요한은 예수님을 소개할 때 이런 언어를 사용했다.

> 태초부터 있는 생명의 말씀에 관하여는 우리가 들은 바요 눈으로 본 바요 자세히 보고 우리 손으로 만진 바라(요일 1:1).

'들었다', '봤다' 그리고 '만졌다'는 말은 철저한 경험의 용어들이다. 부인할 수 없는 진리는 머리에서 오지 않는다. 그건 성육신하신 주님처럼 잉태되고 자라 내 삶이 되어지는 언어들이다.

하나님을 안다는 건 이러한 것과 같다. 내 눈으로 보고 듣고 내 입과 손이 만진 예수 그리스도이다. 다윗의 고백처럼 내가 사망의 음침한 골짜기를 지날지라도 두려워하지 않는 이유가 오직 하나 ….

주님이 함께 하심이라는 ….

그 경험이 바로 하나님을 안다고 말하게 만든다.

봉순이 언니

 지금은 저마다 탐내는 황금의 땅이 돼버린 곳이 뚝섬이다. 한강과 마주한 뚝섬이 70년대 말에는 버림받은 땅 같았다. 굴뚝에서 뿜어 내는 검은 연기와 말 냄새는 진동했고 기름때에 찌든 손톱을 가진 어린 청년들만의 거리였다.
 그 동네 끝자락서 시작했던 야학에서 만난 건 기름기 없는 가난한 사람들 얼굴이었다. 70년대 시골 빈농의 자식들이 도시로 상경해서 직업을 가진다는 것은 쉽지 않았다. 성수동 어느 공장 근로자로 살든지 아니면 버스 문 두드리고 소리 질러야 돈을 벌 수 있었다.

 공지영 씨의 소설 『봉순이 언니』에서 내가 발견한 단어는 소설과 전혀 관계없어 보이는 '목회'였다.
 작가 아버지는 은행에 보증을 잘못 선 바람에 몰락한 아버지를 둔 아들이고, 남대문에 큰 점포를 가진 처가 덕에 유학을 한 30대 후반의 젊은 지식인이었다.
 어머니는 일제 시대 바나나를 먹고 자란 상인의 딸로 남편 성공에 목마른 아내다.
 주인공은 13살 어린 나이에 식모로 들어온 봉순이와 그 봉순이의 손에서 자랐고 성공한 부모덕에 기득권을 가진 자로 살아가는 작가 자신이다.
 중학교 교복을 입어야 하는 봉순이가 한 가정의 힘겨운 살림을 맡는다.

그러면 봉순이가 이 가정의 가족이었는가?
작가는 묘사한다.

> 영화 구경 가는 날, 봉순이 언니는 새 옷을 갈아입고 들떠 있었다. 하지만 어머니가 말했다.
> "너까지 가면 집 돌볼 사람이 없잖아!"
> 언니는 순간 꽉 하고 굳어지더니 고개를 푹 수그렸다. 아버지가 미국에서 돌아오던 날 언니 몫의 선물이 없다는 걸 알았을 때 짓던 그런 표정이었다.

결국, 그날 밤 봉순이는 성공의 상징인 주인집 아저씨의 까만 차를 타지 못한 채 방구석에 혼자 남겨진다. 그나마도 부뚜막에 앉아 식은 밥을 바가지에 넣고 비벼 먹던 봉순이는 아파트로 이사하면서 그 자리마저 잃어버린다. 가족과 식구가 같은 의미지만 그 속에 혈육이 중심이 되면 의미가 달라져 한집에 살면서 끼니를 같이 하는 식구라는 존재로 떨어진다.

방에 남겨진 봉순이를 데리고 가는 목회를 하고 싶다. 좀 덜 먹고, 더디 가고, 덜 모이더라도 다 같이 가는 목회자이고 싶은 마음뿐이다. 검은 세단이 아니라 걸어서 가는 길이라도 꼭 함께 가는 길이고 싶다. 함께하며 희망을 주는 목회가 될 것이다.

스케치

　조금은 여유가 생겨 지난봄부터 그림을 그렸다. 유화는 아니지만 스케치부터 시작했다. 가끔 드는 생각은 '아! 내가 그림에 관심을 갖다니 ….'
　나도 나 자신을 보고 놀랄 때가 있다.
　중학교 시절 예체능 시간은 내게 무덤이었다. 그중에서도 제일 힘든 건 미술. 미술 시간이 되면 연필 잡고 팔을 길게 내밀고 한쪽 눈을 감은 것만 생각난다. 눈 감고 뭔가를 재기는 했지만 한 번도 제대로 그린 그림은 없었다.
　그리고 생각나는 건 미술실 중앙에 놓인 베토벤의 머리를 한 하얀 석고상이다. 석고상이 베토벤인지 슈베르트인지는 잘 모른다. 베토벤이라고 말한 건 당시 머릿속에 남아있던 유일한 음악가였기 때문이다.
　학교에 몇 분 안 되는 예체능 선생님 중에 여자 미술 선생님은 우리 반에 오지 않았다. 대신 석고상 머리 스타일의 남자 선생님이 작은 잣대를 가지고 들어왔다. 그 잣대는 치수 재는 용도가 아닌 준비물 없는 학생의 처벌 수단이 되곤 했다.

　가난으로 고생하는 어머니에게 미술 준비물로 돈 타 내기도 힘들었다. 어렵게 타 낸 돈도 사실은 미술 준비에 들어가지 않던 때가 많았다. 정직히 말하면 미술은 내 용돈의 수단이었다. 어쩌다 마련한 스케치북은 가방에 들어가지 않아 꾸겨 넣고 다녔다. 터진 물감이 양은 도시락에 묻어 저절로 추상화를 이루기도 했는데 한마디로 미술은 내게 원수였다.

이랬던 내가 스스로 미술 수업을 받고 싶어 찾아간 곳은 살던 지역의 학교다. 과목은 성인을 위한 기본 스케치(Basic sketching for adult).

내 거주지에서 약 30분 정도 떨어진 커뮤니티 칼리지에 수강 신청을 했다. 204호 강의실에 백인만 11명, 유일한 이방인인 나는 열두 번째 학생으로 들어가 앉았다.

중학교 때 창문 너머에서 본 여자 미술 선상님이 그대로 늙으셨다면 저랬을 텐데 싶은 강사가 스케치에 대해 설명하고 있었다. 그동안 겪은 숱한 영어 강의에서 배운 건 영어 실력이 아니라 용기이다.

안 들려도 놀라지 않고 당연히 생각하기, 그러다가 조금이라도 들리면 많은 자부심을 갖기, 알 것 같다거나 모를 것 같을 때 이왕이면 아는 쪽을 생각하기 등이다.

아르헨티나 출신 강사의 발음에 적응하는 건 쉽지 않았다. 그분도 내 발음에 적응하려면 시간이 걸릴 것이다. 도화지를 두고 오간 대화는 선과 구성 그리고 빛과 어둠에 관한 것이었다.

강사는 스케치에서 구성을 가르쳤고 나는 그녀의 말을 통해 보이는 것과 그리는 것 사이 커다란 벽이 존재한다는 사실을 배웠다.

모든 그림의 기본은 스케치다. 대가의 그림을 자세히 들여다보면 추상화처럼 막 그린 것 같아도 성실하게 그어진 수많은 선이 깔려 있다. 이런 이유로 가장 먼저 손에 익혀야 하는 게 선이다. 선을 그으려면 연필 감각을 익혀야 한다. 14개가 들어 있는 연필 세트와 회색빛 도는 스케치북을 사서 가게 문을 나서던 날 반 고흐의 말이 생각났다.

사자는 원숭이 짓을 하지 않는 법이다. 스스로의 방식으로 그려라.

방송국을 가며 비가 내리는 강변도로 풍경을 그렸다.
그 강가 물과 건물 사이로 흐르는 공간도 그릴 것이다.
눈에 익어 내 속에서 다시 탄생한 하늘의 색과 그 아래 얼굴을 그리겠다.
낮의 자연과 밤의 어둠을 그려서 자연이 주는 감동도 표현하고 싶다.
2B, 4B 연필로 흐리게 스케치하고 그 위에 색칠하면서 창조의 기쁨도 느낄 것이다.
기본이 있는가를 묻지 않고 스스로 자연스럽게 생겨난 감각을 기본 삼아 그려 낼 수 있다는 생각이 이렇게 나를 행복하게 하는지 궁금하다.
어쩌면 삶은 그려 내야 할 그림인지도 모르겠다.

여행길에서

그림 앞에 설 때마다 느끼는 건 언어의 빈약함이다. 그림을 언어로 다 말하겠다는 욕심은 아니지만 답답함이 있다. 밀레의 〈씨 뿌리는 사람〉 앞에 서서 반 고흐도 누리지 못한 축복을 누리고 있다는 감격함이다. 반 고흐는 자신이 평소 존경했던 밀레의 〈씨 뿌리는 사람〉을 보고 싶었지만 볼 수가 없었다. 그 이유는 그림이 보스톤으로 팔려 나갔기 때문이다.

고흐가 보고 싶어 했던 그 그림을 지금 내가 보고 있다는 행복감을 어떻게 말해야 할까?

인상파를 넘어서 만난 두 명의 현대 화가는 잭슨 폴락과 모딜리아니였다. 폴락의 그림을 뉴욕과 보스톤에서 동시에 만났고 목을 길게 늘어뜨린 모딜리아니 그림도 뉴욕에서 볼 수 있었다.

그러나 이번 여행길에서 기대한 화가는 1882년 뉴욕에서 태어나 1967년에 사망한 미국의 대표적 사실주의 화가, 에드워드 호퍼(Edward Hopper)다. 이유는 그림이 전하는 메시지 때문이다.

헨리 나우웬은 호퍼의 진품을 소장할 수 있는 행운이 있다고 해도 그걸 자기 방에 두기 두렵다고 했다. 호퍼 그림에는 빛이 밝음에도 온기나 친밀함이 없는 처절한 고독이 자리하고 있기 때문이다. 미술관 벽면 앙 쪽에 나란히 걸린 〈브루클린의 방과 약국〉이라는 그림은 햇빛 잘 드는 방안에서 창밖을 내다보는 여인의 뒷모습과 인적 끊긴 밤거리를 비추는 진열장의 외로운 빛이 그려져 있다.

내게는 두 개의 그림이 하나가 되서 여인이 창밖을 통해 뉴욕의 밤을 보는 것 같았다. 그가 그린 뉴욕은 그의 영혼의 자리였다. 그 자리엔 소외와 고독과 불안과 적막감만 있다.

사람의 행복은 관계에서 온다. 호퍼 그림에서 찾을 수 있는 메시지는 소외보다 친밀함, 외로움 대신 관계가 있는 공동체가 있어야 한다는 것이다.

한국에 가면

"목사님, 한국에 가면 뭐가 좋으세요?"

차갑고 조금은 냉소적인 질문 뒤에 권사님의 숨겨진 아픔이 느껴진다.

"난, 목사님이 내 장례 치러 주실 줄 알았는데…."

그리고 얼굴을 돌리신다.

정말 한국에 가면 뭐가 좋을까?

고속도로 휴게실에서 먹는 호두과자, 맥반석 오징어, 치아 사이로 밀려들어 오는 호떡의 진한 단맛도 좋다. 한국에서 뜻하지 않게 생긴 즐거움은 신문이다. 아침에 읽은 시엔 도축업자인 삼촌이 입에 넣어 준 고기 한 점을 먹은 소년의 당황스러움이 그려져 있었다.

>고기에서 죽은 짐승의 체온이 전해질 때
>나는 더운 비를 맞고 있는 것 같다
>바지 입고 오줌을 싼 것 같다.

이현승 시인의 〈따뜻한 비〉의 일부다. 새벽에 아파트 문 앞에서 나를 기다리는 그 신문이 영자 신문처럼 애쓰지 않아도 읽을 수 있어서 편하다. 시선 가는 대로 읽어지는 시가 마음을 따뜻하게 한다. 한국에 온 기쁨이다.

그런데 난 정말 해 보고 싶은 일이 있다.

가을이 오면 낙엽 떨어지기를 기다렸다가 덕수궁 돌담길을 걷고 싶다. 바바리 코트 깃을 올리고 걸을 거다. 긴 길을 따라 올라가 시립 미술관에 들어 갈 것이다.

천경자 씨의 그림을 보고 다시 나와서 덕수궁 돌담 아래 서 있겠다. 건너편 길 가는 이들 모습을 그림 보듯 쳐다보고 있을 거다. 공간 속 사람이 그림 속 사람이 되고 그림 속 인물이 다시 공간 속의 인물이 되는 걸 느껴 볼 것이다.

미국에서는 새 옷 입고 갈 데가 없었다. 집, 교회 그리고 교우들 가게 그게 전부가 돼 버린 내 삶에서 새 옷은 갈 길을 잃었었다. 옷을 사면 갈 곳이 많은 한국이 좋다.

미국에서 산 바바리 깃을 올리고 걸어갈 거다. 더 추워지면 겨울 코트 깃을 올리고 뒤에서 부는 세찬 바람에 밀려 돌담길도 걸어 보고 싶다.

"서울에서 두 번째로 잘하는 집"에 들러서 더운 김이 나는 단팥죽도 먹을 거다. 한국에 온 기쁨을 누리고 싶다. 그리고 두고 온 땅의 사람들에게는 이 기쁨을 말하지 않을 거다. 바바리 깃을 올리고 내가 걸었다는 걸 ….

미안해요

"목사님, 너무 좋아 보입니다.
서울에 오니 좋으신가 봐요?
내가 목사님은 한국 체질이라고 했죠?"
이런 말을 들으면 말없이 웃기만 한다.
"목사님, 피곤해 보이네요.
그래도 미국 계실 때가 좋았지요?"
이렇게 말해도 그냥 말없이 웃는다.
"목회는 어디나 비슷하죠."
나름의 모범 답안으로 대답하곤 했다. 미국 교회에서 교인들이 방문할 때마다 편안해 보여도 안 되고 반대로 힘들어 보여도 안 되는 좀 이상한 상황에 처해 있었던 나를 생각해 본다.

이번 주 미국에서 손님이 방문했다. 짧은 일즈일 기간이었지만 기어코 얼굴을 보겠다며 상계동까지 와 준 교우들이 반갑기 그지없다. 평소 소신처럼 꾸미지 않고 있는 대로 보여 주겠다고 했지만 만나고 나면 마음 한쪽에서 여러 생각이 떠오른다. 그분들이 전해 준 여러 이야기 가운데 가장 안타깝게 생각하는 건 동영상 설교였다.

자신들을 두고 떠난 목사의 설교 동영상으로 은혜를 받고 있다는 말을 전하며 이렇게 말한다.

"목사님 설교는 밀고 당기는 밀.당.이 있는데 …. 목사님을 많이 아쉬워하고 계십니다. 계실 때보다 더 열심히 듣고 있어요."

듣다가 내가 나선다.

"집사님, 미안합니다. 그렇게 떠나서 ⋯."

난 부교역자로 섬기던 교회나 담임으로 섬겼던 교회에서 내가 교역자로서 지켜야 할 윤리를 지키기 위해 노력했다. 내가 왔다는 이야기를 들은 분들이 전화로 하시는 말은 이것이다.

"어떻게 그렇게 연락 한 번 안 하세요?"

그게 내가 걸어온 길이고 걸어가야 할 길이었다. 미국 교회를 나오면서 장로님들께 드린 말씀도 이런 것이다.

"저는 떠난 사람입니다. 교회 문제로 제게 전화하시면 안 됩니다. 이젠 여러분 몫입니다."

일절 연락을 하지 않았다. 그럼에도 먼 곳까지 와서 정을 보여 주시는 교우들 뒷모습에서 미안한 마음을 떨칠 수가 없다.

지나온 교회에서 만난 그분들의 사랑과 기도가 있었기에 오늘이 있다는 것에 그저 감사한 마음뿐이다.

"목사님 너무 미안해하지 마세요. 저희는 잘 걸어 갈 겁니다. 이민자들이잖아요!"

둘

목양

왜 잘렸는지
어떤 나무였는지
묻지 않았습니다.

있는
그대로가
좋았습니다.

그래서
그랬습니다.

둘. 목양 33

밑둥치

도와주세요

미국에서 처음 살았던 집은 2층 구조였다. 1층은 거실과 식당, 2층은 방들이 적절한 사이즈로 나뉘져 있고 계단 오를 때마다 나무와 나무 사이에서 파열음이 나오던 시골 아파트였다. 아파트 동과 동 사이로 겨울바람이 불면 문 앞에 내놓은 쓰레기통이 서로의 몸을 부딪치며 굴러다녀 낯선 곳을 더 낯설게 했다.

내 어린 시절, 아들 다섯을 데리고 사글세 살던 엄마가 심어준 말은 이랬다.

"자고 나면 돌아오는 게 사글세란다. 집을 사야 돼, 집을 …."

부모님은 그렇게 악착같이 모아 서울 시내가 보이는 산동네에 집을 샀다. 미국 월세는 엄마의 말이 진리라는 걸 알게 해 주었다. 자고 나면 돌아오는 한 달은 왜 그리도 빠른지 …. 단지 차이는 단어였다. 사글세가 아니라 렌트비로 ….

그 아파트에 처음 들어갔던 밤, 가구 하나 없는 텅 빈 공간에 엎드려 기도했다. 그날 심정은 목사가 아닌 중 1, 중 3 자식을 둔 아비와 아내를 가진 남편의 마음으로 기도했다. 도와달라고, 하나님 도와 달라고 ….

긴 세월을 돌아 바다 건너오는 비행기 속에서 그날 기도 제목을 돌아보았다. 기도 제목에는 채워 주신 하나님의 은혜가 배어 있었다. 물 먹은 스펀지처럼 은혜가 배어 나왔다.

다시 시작하는 길에 익혀진 단어가 상계동, 당현천과 중계동, 노원구다. 단어 속 모음에 악센트를 두는 첼튼햄 대신 성서대학교회를 마음에 새기고 또 새긴다.

　사역의 길에서 평생 입에 밴 주기도문과 사도신경을 새 번역으로 바꾸는 것도 쉽지 않다. 눈과 입으로 읽고 외는데 눈만 감으면 다시 옛날 버전이 나온다. 익숙한 단어가 새로 치고 들어오는 단어를 거부하는 게 느껴졌다.

　당현천을 걸으면서, 목양실, 로고스 홀 강단 밑에서도 기도한다.

　"하나님 저 좀 불쌍히 여겨 주세요. 하나님 제가 일하지 않고 하나님이 일하시는 걸 보게 해 주세요."

　학교 문을 통해 교회로 오지 않고 교회 문을 통해 교회로 들어오는 문도 만들고 싶다. 학생들과 공간을 나누어 쓰는 것도 감사하지만, 교회 공간을 학생들과 나누는 교회가 되고 싶은 것도 다 기도로 이루어지기를 기도한다.

　"하나님 도와주세요.…"

장소

　내 생애 처음으로 아파트에서 살아 본 건, 담임을 맡으면서다. 부교역자로 지내던 10년 가까운 시절에는 교인 한 분이 새집 지을 때 하나님께 서원했다면서 세를 저렴하게 받은 붉은 벽돌로 된 이층집에 살았다.
　그때 그 집에서 같이 살던 중학생 꼬마 친구들이 50이 다 된 중년으로 변했는데 그들과 다시 만났다. 나이만 먹었지 마음은 그때 그 시절 그대로였다.
　나는 궁금했다.
　성수대교 건너갈 때나 올림픽대교를 오가며 보이던 아파트들이 지금은 어떻게 변했을까?
　그 아파트에서 성수대교가 무너지는 걸 봤다. 무너진 다리를 지나면서 지금도 자리 지키고 있는 아파트가 궁금했다. 어느 날 들으니 동네에 1호점으로 들어선 맥도날드도 사라졌다고 한다.
　그 장소에 뭐가 들어섰지?
　호텔 앞에 맛있는 고구마 케이크와 진한 커피를 내려 주던 카페도 있었는데 그대로 있는지 궁금했다.
　중국발 미세 먼지가 없는 날 오후에 그 장소를 찾아 갔다.
　심리학자 폴 투르니에가 자신이 살았던 장소를 찾아간 일이 있었다. 자신의 기억과 변해 버린 현실 사이에서 잠시 방황하던 그를 다시 옛날 기억으로 생생히 돌아가게 한 건 벽돌 사이로 길게 그어진 틈새였다. 틈새에 손가락을 넣는 순간 전축 바늘처럼 머릿속 기억이 되살아났다고 했다.

  내 기억은 주차장에서 시작되었다. 변한 건 아파트 페인트와 정문이 외부인이 들어오지 못하게 막도록 차단문으로 바뀐 것만 빼고는 그대로다. 45동 5층에서 내려다봤던 놀이터가 기억에는 컸는데 현실에서는 작았다.

  그때도 지금처럼 재건축 이야기가 나왔다. 긴 세월의 흔적 위에 세워진 놀이터 기구는 그대로였고 진하게 칠한 형상 속에 나이를 감추고 있었다. 그대로여서 정겨웠다.

  봄날 오후 햇살에 비친 나뭇잎과 회색으로 변하고 갈라진 주차장 아스팔트도 오랜 세월을 지나 다시 찾아온 나를 반기는 듯 보였다.

  코로나 영향인지 놀이터에 젊은 남자가 자신의 아들인 듯한 아이들의 노는 모습을 벤치에서 바라본다.

  늘어선 차량 사이로 자동차를 몰고 나오면서 상계동 아파트 단지 속을 빠져나오는 것 같은 느낌을 받았다. 차이가 있다면 외제차와 국산차의 차이일 뿐, 그 햇살 아래 차들은 다 느긋하게 오후 여유를 즐기고 있었다.

  다 변해 가는데 그대로라는 사실이 고마웠다. 그대로이고 싶었다.

  변하지 않고 그대로 있는 것도 있어야 사는 맛이 있지 않을까?

백일입니다

매월 마지막 주가 되면 다음 달 생일을 맞는 교우들에게 보낼 생일 카드를 쓴다. 정확히 말하면, "성서의 뜻을 이루는 교회에서 함께 신앙생활을 하게 돼 하나님께 감사드리며 000의 생일을 축하드립니다" 라는 문장 뒤에 사인을 한다.

첫날부터 못난 필체지만 간단한 인사말을 써 넣었다. 8월부터 쓰기 시작했는데 10월에 와서 작은 고민거리가 생겼다. 이유는 10월 명단에 내 이름이 있기 때문이다. 순리대로면 내가 받을 생일 카드를 내가 써야 한다는 게 문제.

지나치려다 잠시 숨을 가다듬고 정성스럽게 붓을 눌러 썼다.

"최정권 목사님, 오셔서 힘든 과정 잘 이겨 내고 계십니다. 하나님의 쓰심을 열망하는 목사님의 기도 위에 응답의 역사가 넘쳐 성서대학교회에서 이루고자 하신 하나님의 뜻이 완성되기를 기도합니다. 너무 멋있는 목사님!"

이런 걸 아이들 말로 "자뻑"이라고 한다.

성서의 문지방을 넘어온 지 100일이다. 신생아 사망률이 높던 시절, 아이가 질병을 이기고 무사히 백일을 지나면 잔치를 하는데 나도 백일을 맞게 됐다. 백일이 삼 년 같지만 백일잔치에 임직식을 하게 돼 더 기억이 날 것 같다.

어느 책에 사람은 굶어 죽는 것이 아니라 위로받지 못해 죽는다고 했다. 지난 백 일 동안 교우들이 우리 부부에게 보여 준 위로와 사랑에 감사드린다.

여러분이 해 주신 말 중에 인상에 남는 말은 "멀리서 보는 것보다 가까이서 보니까 더 잘 생기셨다"라는 말이다. 예수님이 이스라엘에 이만한 믿음을 가진 사람은 보지 못했다고 하셨는데 그분이 이렇게 영안이 열린 분인 줄 몰랐다.

어느 분께서 보내 주신 메모에 이런 글이 있었다.

"목사님 칼럼을 읽다 보면 목사님은 먼 거리에 계신 분이 아니라 곁에 계신 분 같아 좋습니다."

사람은 다 자기가 좋아하는 것만 기억한다고 한다. 그래도 이런 위로가 백일을 맞는 내 마음을 따뜻이 감싸 준다.

다시 한번 여러분의 사랑에 감사드린다.

지하에서 지상으로

길 앞에 서서 보고 또다시 쳐다봤다. 토론토미술관에서 파리 어딘가 있었다고 믿었던 반 고흐의 그림 〈아를의 별이 빛나는 밤〉을 만난 것처럼, 또 보며 그렇게 넋을 잃고 바라보았다.

뒤돌아보다가 소금 기둥이 된 여인, 길 어귀 마을을 지킨다는 장승처럼 한참을 쳐다봤다. 중학교 때 가곡에 눈 뜨며 한 번씩 흥얼거리던 가사처럼 길 가다가 그 앞으로 돌아와 다시 보았다.

오가며 그 집 앞을 지나노라면 그리워 나도 몰래 발이 머물고
오히려 눈에 띌까 다시 걸어도 되 오면 그 자리에 서졌습니다

하얀 바탕에 '성서대학교회'라는 검은 글씨가 따뜻한 오렌지색 나무 박스에 담겨 자리하고 있다.

저렇게 예쁜 글씨가 어떻게 지하에만 있었을까?

처음 전임전도사로 부임했을 때, 교회가 얻어 준 사택은 지하방이었다. 새로 지은 주택 한 쪽문을 열고 긴 골목 계단 세 개를 밟고 내려가면 방 두 칸, 부엌 하나의 작은 거처가 나를 반긴다. 행복한 전임 사역이 그렇게 시작되었다.

추운 겨울에는 한없이 따뜻하지만 반대로 여름철이면 폭우에 역류된 물이 하수도를 타고 집에 밀려든다. 놀라서 우는 두 아이를 안고 밀려오는 물을 바라보곤 했다.

그 추억의 지하를 벗어난 건 집사 한 분이 서집을 짓고서 1층에 살도록 배려 해 줬기 때문이다. 눅눅함 없고 뽀송뽀송한 장판을 베개 삼아 누울 때의 기분처럼 지하에 있던 교회 이름이 지상에 그 아름다움을 드러냈다. 그날 방에 등 대고 누웠던 감격과 평안함이 마음속에 가득 밀려왔다.

이 건물 옥상에는 큼지막한 글자가 적혀 있다.

나는 너희를 치료하는 여호와(출15:26).

모자를 쓴 것처럼 머리에 가림판을 가진 작은 흰색 십자가와 함께.

의미는 '내가 교회다'가 아니라 '내가 교회입니다'의 겸손과 섬김이 담겨 있다.

처음 모습을 드러낸 '성서대학교회' 간판 글자를 바라보는 교인들의 행복한 얼굴이 보인다.

따뜻한 말

말에도 온도가 있다. 차가운 말과 따뜻한 말은 단어의 숫자나 구성에서 오는 게 아니라 말하는 사람의 마음에서 온다. 강단에서 쓰는 멘트는 이런 것들이다.

"여러분, 한 주간 힘드셨지요? 잘 오셨어요."

"여러분, 잘 지내셨어요? 오시느라고 고생하셨습니다."

이 말은 내 마음에서 나온 말이다. 교우들의 삶이 한 주간 얼마나 힘들었을까 하는 마음이 담긴 말들이다.

공식적인 자리에서 쓸 수 없지만 선호하는 말은 이것이다.

"밥 먹었나요? 밥 먹었니?"

알려진 사실이지만 나는 먹는 데 관심이 많다.

함께 칼국수 먹으러 가는 분에게 이런 질문을 하곤 한다.

"국물이 진한가요?

사골입니까?

젓가락은 나무젓가락, 아니면 쇠 젓가락인가요?"

위생상 차이는 있지만 면발은 차가운 금속보다 나무젓가락이어야 한다.

"김치는 신 김치, 아니면 겉절이를 줍니까?

깍두기 국물은 진한가요?

면발은 어떻고 면은 직접 만드는 걸 보여 주나요?

처음 입에 넣고 먹을 때 후루르 소리가 납니까?"

면발의 생명은 언제 넣느냐보다 어떤 온도에서 넣는가에 달렸다.

깍두기 국물은 다양한 양념으로 묵직해 보여야 맛있는데 ….

마지막 면을 씹어 목에 넘기고 수저에 깍두기 국물을 담아 마무리하면 깔끔한데 ….

설교 본문 분석에서 해야 할 온갖 질문을 생각한다.

"밥 먹었니?"

이 말에서 연상되는 이미지는 따뜻함이다. 뜨거운 밥공기를 두 손으로 받아 쥐고 있으면 따뜻함이 손을 통해 온몸으로 퍼진다. 상에 놓고 뚜껑을 열면 김이 안경에 서린다. 김 서린 안경 너머 조선 민족의 소원이었다는 흰쌀밥이 보인다.

약간 푸른 잎에 서린 배추김치를 넓게 펼쳐 밥 위에 올리고 김을 싸듯 김치에 싼다. 젓가락을 들어 입에 넣으면 매운 고추 맛과 밥에서 나온 더운 김이 입안에서 묘한 맛으로 침을 불러들인다. 혀를 타고 밀려들어온 침과 매운맛, 더운 김이 서로를 감싸면 혀는 그 하나의 몸을 이리저리 치아 사이로 밀어 넣는다.

설교가 이러면 얼마나 좋을까?

손안의 원고가 따뜻한 밥이 된다. 그 밥을 먹는 이들 가슴이 뜨거울 수 있다면 말을 짓고 밥을 짓는 설교자는 얼마나 행복할까를 생각해 본다.

오늘 만나는 모든 이에게 따뜻한 한마디 건넬 수 있기를 바란다.

생일 카드 1

월말이면 생일 카드가 어김없이 책상에 놓인다. 펜을 들어 명단 사진을 보고 생일 축하 카드를 쓰면서 생각나는 멘트 하나가 있다. 지금은 고인이 된 유명 개그맨이 남긴 말이다.

못생겨서 죄송합니다!

글은 마음의 거울. 생일 카드에 쓰는 글씨가 '못생겨서 죄송하다'는 생각이 든다.
초등학교 시절 싫었던 건 네모 칸 안에 글씨를 맞게 쓰는 일이었다.
"영희가 바둑이를 따라간다. 바둑아 바둑아."
글자를 왜 네모 칸에 써야 했는지 …. 네모에 글을 집어넣는 게 힘들었다. 그렇다고 네모 없는 빈칸에도 글자는 제대로 서지 못했다. 힘을 주면 연필심이 부러진다. 잘 써 보겠다고 먼저 쓴 글자를 지우면 공책이 찢어지는 게 다반사였다. 더 잘 쓰겠다고 첫 장을 찢고 다시 써보지만 네모 칸 속 내 글씨는 예쁘지 않았다.
문학가들이 원고 쓸 때, 펜으로 쓰면 감각이 살아난다는 말을 듣고 한때 만년필로 설교 원고를 작성하던 시절도 있었다. 모나미 잉크를 넣으며 썼던 시절에도 글씨는 예쁘지 않았다. 그때나 지금이나 마찬가지다. 한 번도 내 글씨가 예쁘다는 말을 들어 본 적이 없다.
그런 글자로 생일 카드를 쓰는 이유가 뭘까?

이렇게라도 여러분에게 다가서고 싶은 마음이다.

"집사님, 생일 진심으로 축하드립니다."

시작하는 글에 위로받는 분의 사진이 겹쳐지며 한 번 더 본다. 용량이 찬 컴퓨터처럼 외워지지 않은 이름을 종이에 기록하며 이분이 어디에 살고, 어디서 오는지 한 번 보게 되고 마음으로 글을 써 내려간다. 기록된 대로 하나님의 은혜가 임하시길 기도하며 ….

가끔은 주일 인사를 하다가 "목사님, 카드 잘 받았습니다"라는 말을 들으면 좀 더 예쁜 글자로 쓰고 싶은 마음이 든다.

잘생긴 조각의 얼굴 같지 않고 시장 좌판에 놓인 뚝배기 같은 글자지만 끝까지 인쇄가 아닌 못난 글자로 생일을 축하해 드리고 싶다.

생일 카드

생일 카드 2

언젠가 한 신문에서 현대 사회에서 없어질 사물 아홉 가지를 선정한 일이 있는데 읽으면서 수긍이 갔다. 신문이 머지않아 사라질 목록으로 선정한 것은 우체국과 종이 신문, 유선 전화, 텔레비전 등이었다.

실제로 유선 전화의 사용은 핸드폰이 그 자리를 차지했고, 젊은 세대에게는 TV가 아닌 유튜브가 대세다. 한때 혁명의 상징이었던 e-메일도 점차 카카오톡이나 문자 메시지에 그 자리를 내주고 있다.

이렇게 빠르게 변화하는 문화 속에서 생일 카드를 우체국을 통해 보낸다는 건 시대 정신에도 맞지 않다. 이런 이유로 생일 카드를 보내는 교회도 점점 줄어 들고 있다. 효율성을 따지면 카톡이나 페이스 북을 통해 보내는 문자 메시지가 더 간편할 것이다. 생일 카드를 친필로 쓴다고 하지만 사실 못 생긴 내 글씨체가 보기 좋은 건 아닐 거다.

〈성서학당〉 유튜브에 댓글 하나가 붙었다. 그대로 인용하면 ….

"목사님 글씨체는 언제 봐도 제 어머님께서 좋아하시는 글씨체입니다. 저도 목사님 글씨체를 따라가고 싶습니다."

〈성서학당〉의 글씨는 내가 쓰는 게 아니고 작가가 써 주는 건데 그분의 글씨가 보기 드물게 이쁜 글씨다.

올해는 내 글씨를 줄이고 대신 한 가지 선물을 더했다. 생일 카드 속에 커피 한 잔 값의 스타벅스 카드를 넣었다. 자본주의의 상징인 스타벅스를 넣은 건 편이성 때문이다. 어디서나 쉽게 사용할 수 있는 장점이 있지만, 이 카드가 사용되지 않고 그냥 버려질 가능성 때문에 한쪽 마음은 부담이 되기도 한다. 버리면 5천원이 그냥 사라지게 된다.

> 금년 한 해 시험적으로 커피가 있는 생일 카드를 보내드립니다.
> 이 커피는 제가 대접해 드리는 겁니다.
> 여러분 개개인을 만나서 축하드린다고 말씀드리지는 못하지만 힘든 삶의 한가운데서 자신에게 따뜻한 차 한 잔을 대접하는 여유를 가지셨으면 좋겠습니다.
> 올 한 해도 주 안에서 파이팅하시기를 ….

헌금

술 취하신 아버지가 입버릇처럼 하신 말은 돈 버는 방법이었다. 돈을 많이 벌었던 분이라면 그런 말은 하지 않았을 거다. 시작은 언제나 같다.

"내가 … 내가 … 돈을 벌 수 있었다. 시에서 공사 맡아 아스팔트 깔 때 조금만 눈속임하면 돈은 번다. 그런데 내 자식들이 사는 땅인데 그럴 수 없었다."

이렇게 힘들게 돈을 벌다가 지치면 막걸리 한 잔에 취해 하시는 아버지의 레파토리다.

과묵한 아버지의 취중에 하시던 말씀들이 목사가 된 아들의 마음에 좌표가 될지 모르셨을 거다. 남편이 가져다주는 물고기 두 마리, 보리떡 다섯 개를 오병이어 기적처럼 써야 할 엄마는 늘 마음고생을 했다.

날마다 솥 바닥을 긁어낼 정도로 먹어 대는 다섯 아들의 쌀값과 반찬값, 옷값만 해도 적지 않았다. 학비까지 줘야 하는 건 모두 엄마의 몫, 그런 이유로 엄마는 한겨울을 제대로 견디게 할 외투 한 벌 없이 지내셨다.

성도들의 헌금을 대할 때마다, 새삭헌금 작성자 명단을 볼 때마다 감사함과 미안함이 공존한다. 감사함은 그분들이 성경의 교훈을 따라 헌신의 삶을 살고 계심에 대한 감사이며, 미안함은 힘들게 번 돈에 대한 마음이다.

주일 헌금 기도 때마다 야곱을 생각한다.

믿음으로 야곱은 죽을 때에 요셉의 각 아들을 축복하고 그 지팡이 머리에 의지하여 경배했으며(히 11:21).

우리 성도들을 위해 하나님의 한량없는 복을 구하고 싶다. 그때마다 마음을 다 드러내지 못한 내 부족한 언어를 본다. 중심을 보시는 하나님을 의지할 뿐이다. 아들의 전도로 하나님을 만난 아버지였기에 말씀은 배우지 못했다. 그러나 아버지는 올바른 삶에 대한 교훈을 내게 심어 주셨고 그게 신앙적 자산이 되었다.

이런 이유로 선교사님들이 교회에 방문하면 빠지지 않고 당부드리던 이야기가 있다.

"선교사님, 이 헌금은 우리 교우들이 흑인 동네, 백인, 스페니쉬 동네에서 힘들게 벌어 하나님께 드린 돈입니다. 많지 않은 금액이지만 귀하게 사용해 주십시오."

모든 헌금은 정직하고 바르게 그리고 투명하게 사용될 것이다. 이런 헌금 정신을 지키기 위해 늘 공개하고 있다. 여러분 자신도 자신이 드린 드려진 헌금이 바르게 사용되도록 기도와 관심을 동시에 가져야 한다. 다시 한번 여러분의 헌신에 감사를 드린다.

겨울이 오네요

연인과 걸으면 이별하게 된다는 덕수궁 돌담길 입구에 섰다. 코트 깃은 올릴 수 있을 만큼 다 올렸다. 일기 예보는 오후 늦게 비가 오고 비 그치면 겨울이 성큼 다가올 거라고 한다.

고종이 피신했었다는 러시아 공관 옆 늦가을 나무 아래서 오늘의 순례 길을 나섰다. 떨어진 낙엽을 밟고 이제 옛 경성재판소 앞으로 갈 것이다. 일본 법전이 아닌 그림을 품고 미술관이 된 그 건물 안에서 천경자가 기다린다.

머리에 가득 꽃을 담아서 화수분이 된 그녀가 오랜만에 온 나를 반긴다. 화가의 방을 그대로 옮겨 놓아 놓아, 숨겨져야 할 화가의 신비를 시장 상품으로 만들어 버린 그 유리창 앞에서 낯선 미국 땅 어딘가 뿌려졌을 그녀를 생각했다. 고갱 그림을 보는 것 같은 그녀의 색채와 자연이 그려 놓은 가을의 색 앞에서 설렘에 젖는 나를 바라본다.

그리고 서울에서 걷고 싶은 거리 1호가 된 그곳을 아주 천천히 걸어갈 것이다.

그림을 보는 관객의 뒷모습과 내 앞을 걸어가는 연인의 뒷모습이 시선에 겹친다. 그림이 현실이 되고 현실이 그림이 되는 그 길에 나도 그림이 되고 있을 것만 같다. 현실이 힘들수록 그림이 되고 싶은 마음과 그림을 가둬 둔 액자 아래로 발을 내밀고 싶은 마음이 겹쳐진다. 그러나 오늘은 현실이 돼서 이 길을 걸어갈 것이다.

등 뒤로 부는 바람이 거셀수록 사람들은 공중에 뿌려지는 낙엽에 찬사를 보낸다. 낙엽이 눈처럼 눈앞에 뿌려진다.

한국 오면 가 보고 싶은 길 위에 서서 정말 가야 할 길이 뭔가를 생각했다. 소금에 절여진 배추에 속을 넣으며 그 길의 낙엽색과 배춧속이 비슷하다는 생각이 들었다.

덕수궁 돌담길만큼 학교 앞 4단지 길도 아름답다. 덕수궁 그 길만 생각했는데 또 다른 길이 내 앞에 아름답게 펼쳐져 있다. 노란 은행잎으로만 덮여진 길 위로 그 색을 즐겨 사용했던 반 고흐 그림이 떠오른다. 필라델피아미술관의 나이 든 큐레이터는 고흐의 노란색을 "양육"이라고 말했다. 그 말이 떠오른 이유는 내 앞에 펼쳐진 새로운 길 때문이다. 남아 있는 길.

잘 걸어가게 해 주실 것 같다. 색과 계절과 시간의 주인께서 ….

얼굴

내가 사는 청구아파트 엘리베이터 안에 있는 거울은 마술이다. 거울 속에 수많은 거울이 들어가 있고, 그 거울에 비쳐진 내 얼굴도 그 거울의 숫자만큼 보인다.

어떤 얼굴이어야 할까?

아니 어떤 게 천사의 얼굴일까?

순교한 스데반 얼굴을 본 사람들은 그의 모습이 천사의 얼굴과 같다고 했다.

그 얼굴이 어떠했을까?

산을 내려온 모세의 얼굴은 광채로 사람들이 바로 볼 수 없어서 수건으로 얼굴을 가렸다고 했다.

어떤 광채일까?

어린아이의 피부 같은 걸 말하는가?

백 도자기의 흰색일까?

사람을 그린다는 것, 그 사람의 얼굴을 그려 낸다는 건, 보이는 면이 아니라 보이지 않는 부분에 대한 이해가 먼저 있어야 할 것이다. 살아온 세월의 흔적이 물감처럼 되어 배어 나오는 게 바로 사람 얼굴이라 생각된다. 그건 그리는 게 아니라 그려지는 것이다.

작가가 글도 쓰는 게 아니라 글이 작가를 이끌어 가듯 얼굴도 만드는 게 아니라 만들어져 간다고 생각한다. 어릴 때 신당동 광무극장 간판에 낯익은 배우 얼굴이 어린 눈에도 낯설어 보였던 것 같다. 닮은 것 같지만 닮지 않은 그 낯섦이 기억난다.

그림을 좋아하게 되면서 언제부터인가 몸에 밴 습관 중 하나는 사람의 얼굴을 뚫어지도록 쳐다본다는 점이다. 대상이 마음에 새겨질 때까지 쳐다보고 또 보곤 한다.

반 고흐는 한 사람의 모델을 세워 놓고 그릴 때도 모델이 다양한 사람들 사이에 있는 모습을 상상하며 그렸다. 모델을 3등 대합실이나 혹은 전당포 앞에 서서 초조하게 자기 순서를 기다리는 사람들 대열에 집어넣고 구상을 이어 갔다. 그는 세 명의 여자 재봉사가 있는 그림 한 장을 위해 재봉사 90명의 그림을 그렸다.

심지어는 풍경 그릴 때도 그 안에 사람의 흔적을 생각했다고 하니 얼마나 힘든 작업이었을까!

거울에 비친 내 모습을 바라본다. 광무극장에 걸린 간판처럼 낯익은데 낯설게 느껴질 때가 있고, 그게 자신인지 모르고 물속으로 들어가 피어난 수선화 모습일 때가 있다.

눈도 좀 깊어지면 싶었다. 얼굴 한쪽을 지나면서 깊어지는 주름 안에 이스라엘의 골짜기와 평지가 그려진 지도이고 싶었다.

아래로 처져 가는 입술 선에 겸허함도 담아내면 좋겠다.

눈 아래 생기는 자국은 그가 만져서 터진 샘의 흔적이었으면 한다.

그 강물 속은 보이지 않았다

  한밤중 도착한 프놈펜 거리는 어디가 어딘지 알 수 없었다. 쇠 철망으로 가려진 창문과 철문 내려진 상점에서 하이티 거리가 떠올랐다. 가로등 아래 보이는 길바닥은 어릴적 텅 빈 신작로 위에 선 나를 생각나게 했다. 이쪽 가로등에서 저쪽 가로등까지 뛰어다니며 놀던 그 시절의 나를 ….

  낮에 보았던 캄보디아 호수와 강은 흙둘이었다. 바닥은 보이지 않았고 아예 볼 수도 없었다.

  죽음의 선을 넘어 살아온 그들 속마음을 볼 수 없듯이 그 흙물은 강물일까 아니면 바닷물일까?

  흙인지 물인지, 영악한 건지 순진한 것인지, 보이는 모든 것이 헤아리기가 어려웠다. 흙물에서도 물고기가 살아 있다는 게 신기했다. 그 물이 영상에서 보던 대륙의 어머니 강이라는 게 더 놀라웠다.

  탁한 강물에서 만난 해맑은 눈으로 미소를 짓던 아이는 중국에서 넘어온 옷을 입고 있었다. 빛바랜 옷 위에 새겨진 중국 글자는 모진 비바람 만난 고대 비석에 새겨진 글자처럼 가늠하기 어려웠다. 강 위로 부는 더운 바람과 햇볕이 빚어낸 옷이었다. 옷 속의 물감은 벌써 다 날아갔다.

  열기가 남겨 준 바랜 옷 아래로 가장 진한 색은 그 아이의 두 발뿐이었다. 발등과 발등을 받쳐 주는 발등 아래 발의 색이 너무 달랐다. 햇살이 닿은 쪽과 닿지 않는 부위의 색은 어린아이의 발이라고 생각하는 자체가 어려웠다.

노년과 장년이 죽어 나간 세상은 젊은이와 어린아이들로 가득했다. 노년이 되어 찾아간 거리에 쓰여 있는 글자를 알아본다는 건 힘들었다. 지렁이가 서로 연결된 것처럼 보이는 글자. 그 글을 누군가 쓰고 말한다는 게 신기하면서 이상하기까지 했다. 낯선 나라에 살기로 결심하고 온 분들이 나에게 들려줬다.

"목사님, 20년 넘게 살고 있는데 캄보디아 사람 속마음을 모르겠습니다. …"

마음을 보여 주지 않는 이들을 사랑해야 하는 그들 마음이 아파하는 걸 보고 왔다. 너무 보이지 않아서 포기한 이들도 있다고 한다. 목사가 된 후에 제일 많은 강의와 설교를 하며 내 속에 있는 모든 걸 다 쏟아내고 돌아왔다.

보이지 않는 강물을 먹고 보이지 않은 마음을 가진 분들과 상대해야 하는 이들의 마음을 더듬으며 전심을 다했다. 마지막 강의는 그 강물과 함께 태어난 현지 목회자에게 쏟았다. 길가에서 본 글자가 말이 되어 전해질 때마다 통역자의 입과 눈을 쳐다봤다. 그들의 눈 속에서 우리나라 산골에서 흘러내리는 맑은 물을 볼 수 있을까, 그래서 그들의 속 마음을 혹시 볼 수 있을까 해서 …. 보고 또 볼 수밖에 없었다.

강의 내내 멀리 한국에서 불어오는 기도의 은혜를 맛보고 살았다. 감사하다. 함께해 준 선교 팀에게도 감사의 마음을 전한다. 우리에게 복음을 주시고 속마음을 드러내 주신 하나님께 영광을 올린다. 누가 속을 보여 주지 않아도 속상해하지 말라고 ….

이상한 사랑

캄보디아 공항을 떠나면서 내 엄마와 헤어지던 날이 생각났다. 동생 사는 아파트 입구에서 엄마는 말이 없었다. 대신 손을 흔드셨다. 그 손이 안으로 향하지 않고 밖으로 향해 있었다.

"어서 와"가 아니라 "어서 가! …"

"e편한 세상"에 서 계신 엄마의 손은 어디에도 평안함이 없어 보였다. 엄마는 알았을 것이다.

'저 아들을 오늘 보내면 내년이나 돼야 볼 텐데 … 또 볼 수 있을까?'

엄마의 예언은 맞았다. 그렇게 본 내 엄마를 다시 본 건 차가운 장례식장이었으니까 ….

12월 중순, 한밤중인데도 30도 넘는 캄보디아 땅을 떠나면서 그날의 이별이 생각난 건, 역설적으로 헤어짐의 아픔이 전혀 없었기 때문이다. 빈말이라도 '내가 사랑한 캄보디아를 떠나면서 …. 아니면 첫 만남에 필이 꽂힌 운명적 만남은 아니라도 내가 너를 만나 좋았다'라고 말할 수 있었다면 좋을 텐데, 이런 말 대신 떠나게 돼 안도가 되는 느낌이었다.

캄보디아에 왜 정이 가지 않은 걸까?

이렇게 정이 가지 않는 나라를 가야 하는 일이 왜 생기지?

만남이 싫은 딸에게 누군가 만나야 한다고 지겨운 만남을 강요하는 어미의 마음인가?

왜 하나님은 자꾸 이 땅을 밟도록 하시는 걸까?

강의를 마치자 선교사들이 "목사님이 다시 오셔야 합니다"라고 말한다. 절실해 보였다.

"벌거벗김을 당한 느낌입니다. 너무 아픕니다."

듣기 좋으라고 한 말이 아닌 간곡한 모습. 사실 좋은 호텔에 데려가 비싼 음식 대접하는 것도 아니다.

그분들이 필요한 재정을 대는 것도 아닌데 왜 또 와 달라고 하는 것일까?

첫 번째 방문은 기억조차 하기 싫을 정도로 심하게 고생했다. 다녀온 후 한 주간 내내 아팠던 기억이 전부였다. 그때 뭘 보고, 뭘 먹었는지 잘 모르겠다. 이번 두 번째 방문도 강의어 점점 지쳐 가는 나를 보곤 했다. 기대했던 쌀국수의 아쉬움은 한국 식당 김치찌개로 달래야 했고, 선교사님 차 옆자리에 앉아 끼어들고 빠져나가는 오토바이 때문에 내 발이 운전을 하는 것 같았다.

피곤한 여정을 마치고 돌아서면서 그 땅의 선교사들이 가진 이상한 사랑에 머리가 숙여졌다. 여기저기 나뒹구는 쓰레기 봉지들, 땅먼지와 불신앙의 공기 속에 보이는 우상과 영적 전쟁을 치루고 있는 그들을 본다. 속 모르는 그곳 사람들을 그리스도의 사람으로 세우고자 노력하는 사랑에 잡혀 있는 분들이었다.

'그 땅에 사는 자체가 선교구나!'

오늘도 그들을 생각하며 기도에 잠긴다.

통영에서
비
안개
그리고
신비를 봤습니다.

통영

여러분 많이 힘들지요

한 달 일정으로 외국에 간 지인이 코로나로 예정보다 오래 머물게 됐다. 설상가상 자녀들까지 재택근무를 하게 되면서 서로 간 공간 배려의 어려움을 극복하고 있다는 소식을 전해 왔다. 한마디로 견디기 쉽지 않았을 것이다.

여러분도 얼마나 힘들까?

자영업자는 부지런히 벌어도 힘드는데 요즘 같은 시기에 얼마나 어려울까?

공연히 동대문을 바라보게 된다. 개학이 늦어져 집안에서 지낼 아이나 부모 모두 쉽지 않은 상황에 놓여 있다. 매일 지하철이나 버스를 타야 하는데, 그 안에 느껴질 두려움도 작은 일은 아닐 것 같다. 모두 코로나로 긴장되었고 강도가 점점 심해지고 있다.

이럴 때 어떻게 해야 하나?

맞는지 확인할 수 없지만, 미국 인권운동가인 마틴 루터 킹 목사가 암살을 당하고 나서, 시신을 검안했던 의사들이 놀랐다고 한다. 이유는 39살에 사망한 고인의 심장 연령이 60대 노인의 심장과 같았기 때문이다. 그가 암살을 당하기 앞서 100년이 좀 넘는 1865년 4월에 에이브러햄 링컨이 워싱턴의 한 극장에서 암살을 당했다. 극장에는 당시 상황을 그대로 보존하고 있다.

이런 글을 쓸 때마다 후회가 된다. 이유는 워싱턴을 셀 수 없을 정도로 갔는데 그곳은 한 번도 못 가 봤나 하는 아쉬움이다. 현장 방문에서 오는 글이 더 생동감을 준다는 믿음이 있어서다.

그런데 링컨의 암살은 또 다른 궁금증을 유발시킨다.

대통령 시신에서 어떤 유품이 나왔나?

여학생 가방에는 무엇이 들었지?

독수리 오형제 속에 자라난 나의 궁금증처럼 당시 미국인들에게는 그게 궁금했나 보다. 그가 사망한 지 백 년이 넘은 어느 날, 그의 유품이 공개됐다. 링컨 주머니 속에는 어느 신문에서 오려 낸 기사가 여러 장 발견되었다. 기사 속 내용은 이것이다.

왜 링컨이 위대한 대통령인가?

아마도 복잡한 정치 상황 속에서 그는 이 기사를 읽으며 위로받고 싶어 했을 것 같다.

코로나 압박감이 여러 방식으로 나타나고 있다. 최전선에서 수고하는 병원과 의료진, 비대면의 학교와 예배를 준비하는 교회도 쉽지 않은 것 같다. 이제 한 주, 길어야 두 주 지나면 지금보다 나아지겠지 하는 소망을 가져 본다. 다시 길어지면 그때 또 소망을 가져도 된다.

언젠가 읽은 문학작품이 생각난다. 자신의 피를 팔아 가족의 그날 먹을 양식을 갖고 집으로 들어가는 가장의 마음을 묘사한 부분이었는데, 그 심정으로 예배를 준비하고 있다.

때로는 쉬워 보이는 길이 쉬운 것만은 아니다. 미련해 보이는 길도 그렇다고 미련한 것만은 아닌 것이다. 바라보는 관점 따라 다른 해석이 나올 수 있다. 꼭 나와야 예배가 되는 게 아니듯이 반드시 있어야 예배가 되는 것도 아니다. 중요한 건 어디서든 힘들지만 서로를 위로하고 하나님을 바라보는 게 중요하다.

분노합니다

두 명의 손자 중에 큰아이가 9살, 둘째는 6살이다. 사돈어른은 "목사님, 외손자 너무 예뻐하시면 나중에 배반당하실 텐데…"라고 농담하시지만, 아들이 장가가서 낳아도 이렇게 예쁠까 할 정도로 마음이 간다.

그런데 큰아이에 비해 둘째는 유난히 숫기가 없다. 내년에 초등학교 갈 나이인데도 나를 만나면 한 번쯤은 다른 데 눈길을 주거나 시간이 지나야 다가선다. 금방 달려와 안기는 큰아이와 달리 늦게 다가오지만 애교는 수준급이다.

작은 얼굴을 비비며 내 귀에 대고 말한다.

"하찌(할아버지), 사랑해. 보고 싶었어."

아마 하찌는 이 맛에 하는 것 같다.

체벌로 가방에 들어가서 7시간을 있다가 생명을 잃은 아이의 기사를 보며 분노가 밀려오는 것이 어쩌면 비슷한 나이의 손자를 둔 나의 개인적인 분노일 수 있다.

'어떻게 사람의 탈을 쓰고 그럴 수 있을까?'

생각할수록 가슴이 아파 온다. 미국에 갔던 90년대 초, 아이오와주립대학 도서관에서 빌린 책에 흑인과 백인의 논쟁이 적혀 있었다.

이런 내용으로 기억한다.

흑백 문제를 다룬 책 안에 한 낙서가 있었다.

"흑인은 아프리카로 돌아가라. …"

그 낙서 옆에다 흑인이 이렇게 썼다.

"너희도 이 나라를 원주민에게 돌려주고 바다에나 가라."

미국 인종 문제의 심각함을 옆에서 보며 비슷한 일을 겪고 살았다.

흑인인 조지 플로이드가 백인 경찰에 의해 더낮에 죽는 광경을 뉴스에서 봤다. 백인 경찰의 무릎에 짓눌려 숨을 못 쉬던 흑인이 마지막으로 자기 엄마를 부르는 걸 봤다. '엄마'라는 단어가 'Mother'가 아닌 'Mama'였다. 아무리 나이 먹었어도 아들에게 엄마라는 이름이 가진 의미는 큰 것이다. 엄마 이름을 마지막으로 부른 '조지 플로이드'는 살해당했다.

미국이 그 대가를 치르고 있는데 가슴을 아프게 하는 건 한인 상가이다. 눈에 익은 필라델피아의 다섯 개 상점이 무너지고 불에 탄 걸 보며 동시에 교우들의 아픔이 생각났다. 그리고 분노가 밀려왔다.

'왜 죄악의 패턴은 변하지 않는 것일까?

교우들에게 어떤가를 물어야 하나?'

그들을 두고 떠나온 목회자의 머뭇거림이 마음을 더 아프게 한다.

코로나로 멈춘 일들이 나를 분노케 하고 있다. 지금쯤 말씀사경회를 준비하거나, 버스를 대절해 'ㄱ'자로 굽은 한국 최초 예배당에서 목사님에게 한국교회사를 듣고 한옥형 호텔에서 교우들과 식사하고 있을 텐데 ….

매주 만나서 안아 줄 아이들은 안 보이고 아들과 꽁꽁 숨어 버린 부모들의 공포가 보인다. 이게 '코로나 블루'인가 보다. 그러나 이런 분노에 지지 않을 거다.

모든 아픔을 알고 계신 하나님이 우리의 소망이시고 낡은 세상의 죄와 증오가 없는 새로운 세상이 우리에게 있기 때문이다.

나훈아와 송태근의 고향역

어렸을 때 아버지께서는 옛 가요 〈번지 없는 주막〉을 잘 부르셨다. 아버지는 고교 시절 밴드 부장으로 활약했다. 아버지의 음악성이 내게 감성으로는 전해졌는데 그 감성을 표현해 낼 목소리나 음정으로는 전달받은 바가 없다. 마치 성찬식에 참석한 술꾼이 목으로는 받았는데, 배에는 받은 바가 없는 포도주 잔 같은 것이다.

'모차르트'의 재능을 부러워 한 '안토니오 살리에리'가 하나님을 향해 "내게는 열망만 주시고 재능은 모차르트에게 주셨다"라고 원망한 말을 이해할 수 있다.

양은 상 위에 젓가락 두드리며 부르시던 아버지의 구성진 노래는 문패도 번지수도 없는 주막이란 가사에 실려 내 마음속 가락이 되었지만 그걸 재현하지 못했다.

노래를 잘하고 싶다. 모든 노래를 잘하겠다는 터무니없는 욕망이 아니다. 딱 한 곡만이라도 …. 소위 가장 잘 부를 18번 곡 하나라도 지니며 살고 싶었다.

하지만 다 부질없는 생각이다. 열망이 클수록 재능이 없다는 걸 느낀다. 그래서 더 기다려졌다. 추석 연휴에 한다는 나훈아 쇼가 ….

하나님의 첫사랑을 받고 부흥회 날이 기다려지듯, 쇼를 놓치지 말아야 한다고 생각했다. 쇼가 시작되고 기다린 곡은 〈고향역〉이었다. 무대에 기차가 등장하고 가수 뒤로 웅장한 합창단의 백 뮤직이 나오며 고향역이 시작되는데 뭔가가 아쉬웠다.

'저 곡은 저렇게 부르는 게 아닌데 …. 저 노래는 혼자 불러야 하는데 ….'

비가 주룩주룩 내리는 오후, 카톡으로 반주 없이 생음악 곡 하나가 도착했다. "비가 와서 불러 봤다"라는 말과 함께, 송태근 목사다. 그는 설교만 잘하는 게 아니다.

어쩌면 이토록 구성지게 한국 사람 감정을 살려 노래할 수 있을까?

남의 땅에서 뿌리내리고 사는 이들에게 채워지지 않는 빈 공간이 있다. 겨울옷 위로 가려운 곳을 긁는 것 같은 느낌처럼, 좋은데 뭔가 아쉬운 감정 ….

외국 가사에서는 느낄 수 없고, 오직 우리 가사에서만 와닿는 가슴치는 소리가 있다.

> 달려라 고향열차 설레는 가슴 안고
> 눈 감아도 떠오르는 그리운 나의 고향역
> 코스모스 반겨 주는 정든 고향역
> 다정히 손잡고 고개 마루 넘어갈 때에
> 흰머리 날리면서 달려온 어머님을 얼싸안고 바라보았네

친구 목소리가 '어머니'라는 단어 위에서 잠시 그 숨을 내려놓았다. 얼싸 안았다는 말 위에서 목소리가 미세하게 떨렸다. 그 진동이 전파돼 내 마음속에 묻어 둔 어머니를 생각나게 해 줬다. 설교자는 '뽕필'이 필요한 노래도 이렇게 부를 수 있구나.

웨일스 출신인 로이드 존스는 회심이 설교자의 기질을 변화 혹은 승화시킬 수 있도록 요구할 수 있지만 그 기질을 바꿔야 할 의무감을 주지 않는다고 말했다.

아무리 들어도 '고향역' 노래는 나훈아보다 송태근이가 더 잘 불렀다. 최소한 내게는 ….

연예인 연합집회

성수동에서 사역하던 70년대 말에는 동부 이촌동도 성수동만큼 버려진 땅이었다. 그 땅에 세워진 온누리교회 주차장에 차를 세웠다. 낯선 장소에 가면 헤매는 게 몸에 익은 버릇인데 그런 나를 누군가 불러서 뒤를 돌아봤다. 화면에서 늘 보던 사람이 반갑게 인사를 한다.

그렇게 앉은 자리에서 받아 본 순서지에 금지사항이 적혀 있었다.

<blockquote>
본 예배는 연예인 문화 예술인 방송 관계자만을 위한 예배입니다.

1. 사진 촬영 안 됩니다.
2. 녹화 녹음 안 됩니다.
3. 섭외 안 됩니다.
4. 물건 사고파는 일도 안 됩니다.
</blockquote>

예배는 마커스찬양단의 인도로 시작됐다. SBS 드라마에서 봤던 주연 남자 배우 간증을 들었다. 20분 정도 들으며 들었던 생각은 정직함이다.

"어떻게 저렇게 솔직하게 간증할 수 있을까?"

목회자인 내가 도저히 고백할 수 없는 속마음과 삶을 나누고 있었다. 분명히 그는 죄와 싸우고 있는 상황이다. 모든 사람이 마음과 몸으로 짓는 욕망과 욕정의 숨겨진 죄를 들으면서 연예인들에게 하나님을 만났다는 것이 어떤 의미가 있는지를 생각하게 됐다.

이성미 집사님이 찾아와 들려준 두 가지 말은 이랬다.

"목사님, 저희는 허당입니다. 어떤 목사님은 오셔서 좀 떠시는데 떨지 마세요."

또 다른 말은 설교 시간에 관한 것이었다.

"목사님, 저희는 예배 시작은 있는데 마치는 시간은 강사에게 맡깁니다. 누구누구 목사님은 새벽 1시까지 했습니다. 저희는 목이 말랐는데도 흩어지지 않고 끝까지 들었답니다. 어떤 목사님은 그냥 40분만 하셨어요."

초청팀이 강사에 대한 정보를 조사하는데 내 설교 시간이 좀 마음에 걸린 걸 말하려는 것 같았다.

"저도 그럼 한 시간은 해야겠군요."

평소보다 두 배가 넘는 설교를 마치고 늦은 밤에 돌아왔다. 낮에 한 방송국 녹화와 낯선 강단에서의 긴장이 한꺼번에 풀리는 걸 느꼈다.

무얼 느끼고 왔나?

외줄이다. 필라델피아미술관에서 본 〈생명줄〉이라는 그림이 있다. 강과 강 사이를 이어 주는 외줄에 두 사람이 매달려 건너가는 그림이다. 한 사람은 구조자이고, 다른 한 사람은 쓰러져 의식도 없어 보인다.

선교대회에서 본 선교사들의 위험성보다 목회자 세계에서 본 목사들의 위험성보다 그분들의 위험성이 더 커 보였다. 떨어지면 세찬 물살에 휩쓸리므로 확실히 붙잡지 않으면 안 되는 절박함을 봤다. 우리 모두 복음이 아니면 안 된다. 그것을 봤다.

  내 마음속 세속성도 다시 확인하게 됐다. 가득 채운 좌석에 앉아 있는 그들이 누가 누구인지 알기 어려웠지만 미국 땅에서 한국인만이 느낄 수 있는 감정으로 불러 준 분들과 사진을 찍고 싶었다.

  이러한 나의 세속성을 어떻게 해석해야 할까?

  내년에도 가야만 할 것 같다.

좀 특이한 경험

 좀 특이한 식사 자리에 초대를 받아 간 적이 있었다. 특이하다고 말할 수 있는 건 일반 식당이 아니라는 점에서 그렇다. 연예기획사에서 자기 회사에 속한 연예인들이 편하게 사용할 수 있도록 자기 건물에 만든 식당에 초대를 받았다.

 넓은 홀에 우리만을 위해 서빙해 주시는 분들에게는 미안한 말이지만 음식의 맛은 강남 한가운데서 승부를 걸기에는 뭔가 채워지지 않는 약간 밋밋한 맛이었다. 역시 음식의 맛은 경쟁이란 치열한 구도 속에서 발전하는 건가 보다.

 이 정도의 기획사에서 일하는 셰프들도 나름 지명도가 있을 텐데 경쟁이 아닌 독점에서 음식을 만들다 보니까 고유의 맛을 잃은 건지 아니면 지난 사 년간 노원에 익숙해진 내 입맛의 문제인지는 몰라도 그날의 음식은 평가하기가 좀 그랬다.

 갑자기 필라델피아 중식당이 생각났다. 아래에서 올라오는 뜨거운 불에 그을린 채 달려 있던 오리에서 잘라 내온 바짝 말라 버린 껍질과 그 껍질 안쪽에 붙어 있는 흰색의 고기 위에 소스를 발라 전병에 말아먹던 음식이 생각났다.

 분명 지금 먹는 건 한식 코스인데 왜 그때 먹은 중식이 생각났는지 모르겠다. 아마도 지금 먹는 음식의 아쉬움을 머릿속의 기억으로 아쉬움을 달래고 있었나 보다.

 사실 그 식당의 음식에 대해서 말하고 싶은 게 아니라 그 건물의 엘리베이터를 말하고 싶다. 일단 어둡다. 깜짝 놀랐다. 내 평생에 그렇게 어두운 엘리베이터를 타 본이 일이 없다. 그 안에서는 누구의 얼굴도 분간하기 어려웠다. 평생을 살아온 사람의 얼굴을 볼 수가 없다.

'아니, 왜 이렇게 어둡지?'

그 건물에 대한 설명을 듣고 그게 건물을 출입하는 연예인들의 사생활을 보호하기 위함이라는 것도 알게 되었다. 그 건물의 모든 방이 어둡다고 한다.

'이런 방에서 선글라스를 벗지 않는 연예인들은 어떻게 식사하지?'

즐거운 모임을 마치고 다시 깜깜한 승강기를 타고 그보다는 덜 어두운 주차장에 내려와 차를 타고 햇살이 비치는 거리로 나오면서 갑자기 이런 생각이 들었다.

'얼굴을 가릴 일도 없고 그럴 필요도 없고 보디가드도 필요 없고 어디든지 혼자 가서 먹고 싶은 걸 먹고 걷고 싶을 때 걸을 수 있는 내 삶이 제일 행복하다.'

평범한 게 가장 행복한 삶일 수 있다. 또 다른 변종인 새로운 코로나가 출현했다는데 잠시 누렸던 일상의 행복이 깨지는 게 아닌지 모르겠다. 매일의 일상이 이렇게 좋은지 코로나 이전에는 몰랐던 것처럼 평범한 내 삶이 어떤 유명인의 삶보다 행복할 수 있다.

다른 사람을 부러워하는 삶을 살지 말고 주어진 내 삶을 감사하는 게 행복일 것이다.

범사에 감사하라 이것이 그리스도 예수 안에서 너희를 향하신 하나님의 뜻이니라
(살전 5:18).

최 군, 자네가 책 써

 오랫동안 준비한 책이 드디어 나왔다. 배달된 책의 포장지를 뜯어낼 때 목양실에 함께 있던 부교역자들이 소리쳤다.
 "와! 디자인 너무 예쁘게 나왔다!"
 CLC(기독교문서선교회) 출판사 관계자들이 수고해 준 결과로 내 눈에도 좋아 보였다. "로이드 존스의 설교신학"이라는 제목으로 나온 이 책은 제목 그대로 영국 설교자인 로이드 존스를 형성시킨 어린 시절 영국 웨일즈 지역의 신앙적 배경과 설교자로서 직접 영향을 준 18세기 영국의 청교도들을 소개하고 있다.
 책은 서론에서부터 40년 전 사망한 로이드 존스의 설교 사상이 왜 오늘 필요한가에 대한 고민을 담아냈다. 개인적으로 로이드 존스를 흠모했던 이유는 그가 변함없이 걸어갔던 설교자의 자세이다. 그는 성경과 성령이라는 거대한 산맥의 위대함을 발견하고 그 산맥에 난 외로운 길을 우직하게 올라간 설교자다.
 성경의 영감이 무너지는 시대 그는 성경이 하나님 말씀이라고 외쳤고 성경의 진리를 자신의 설교에 담아내려고 몸부림쳤다. 이 몸부림에서 그는 설교가 설교자의 재능이나 설교문의 화려한 문체가 아닌 오직 성령의 기름 부음이 있다는 사실을 알게 된다. 그는 법궤를 맨 암소같이 좌로나 우로 쳐다보지 않았다.
 책을 받고 생각난 분은 학교 설립자인 강태국 박사다. 철없던 시절, 부름 하나 받들고 왔던 당시에 박사님 저서를 보고 비평했던 적이 있었다. 그것도 수업 시간 한가운데서 ….

그때 박사님이 내게 "최 군, 자네가 책 쓰게…"라는 말이 동기들 사이에 회자되었다.

그 말을 들은 지 40년 넘은 시간에 그 교정에서 내가 쓴 책을 받아 들었다. 이런 은혜를 주신 하나님께 감사하고 이 교정에서 저를 가르쳐 주신 강 박사님의 생생한 음성이 들린다.

"최 군, 자네가 책 쓰게 …."

첫 번째 책이니까 …

　초등학교 5년 때 교내 글짓기에 당선된 일이 있다. 대상도 일등상도 아닌 장려상이었지만 내게는 대상 이상의 기쁨이었다. 무슨 운이 붙었는지 글이 액자에 담겨 복도에 걸렸다. "소풍 가는 날"이란 제목으로 쓴 짧은 산문 형태의 글이었고 제목 밑에 '최정권' 이름이 쓰여 있었다. 그 액자가 걸린 날부터 이상한 일이 일어났다.

　액자가 걸린 1층 교무실 복도를 이유도 없이 지나가게 되는 거다. 아무도 읽어 주지 않는 글인데 그 앞에 서서 읽고 또 읽었던 기억이 난다. 아마 "내 자식, 내가 아끼지 않으면 누가 아끼랴" 하는 어미 마음이었을 것이다.

　출판사에서 "목사님, 다음주 월요일부터 검색될 겁니다"라고 알려준 날 이전부터 구글 검색이 시작되었다. 교보문고에 들어가 검색어를 넣어 보고 Yes24에도 책 제목을 넣어 보았다.

　처음 한국에 방문했을 때 놀랐던 삼성코엑스몰, 영풍문고, 그 많은 책 중에 내 책이 있다는 사실 하나가 나를 다시 초등 5년으로 되돌아가게 만들었다.

　영풍문고, 코엑스몰, 인터넷에 『로이드 존스의 설교신학』 재고 한 권 있다고 검색된다. 교보에는 광화문 1권, 강남 3권, 인천에 2권, 울산 1, 대구 1, 대전 1 …. 인터넷 서점마다 검색되는 책을 보면서 느낀 점을 한 문장으로 표현하면 ….

　"참 신기하다!"

모니터 화면에 나오는 책을 보던 내 모습은 병원 산모실 유리창 넘어 자기 아이를 보는 이제 막 아빠가 된 사람 그 모습이었다. 생애 처음 쓴 책이니까 그럴 것이다. 문장 하나하나에 사랑이 담겨져서 그럴 것이다. 다음 책을 준비하고 있는데 그때도 이 마음일까 하는 생각이 든다.
　이 책을 쓰게 하신 하나님께 영광을 올리고 기도와 성원을 아끼지 않으신 성서교회 성도님들이 고맙다.

우직하게 갈 겁니다

먼저 하나님의 나라에 가신 엄마가 어린 제게 주문처럼 해 주신 말은 이랬다.

"넌 닭띠라 부지런히 다녀야 할 것이다."

어릴 때 성동구 신당동 집 뒷마당은 석양이면 마당 전체가 분주하게 움직였다. 어둠이 오기 전에 닭장에서 해방된 닭들이 자기 먹을 것을 찾아 부지런히 다녔다. 그 어미 닭들을 따라 어린 병아리들과 노란색을 벗어난 갈색의 중 병아리들이 그 뒤를 따라 다녔다. 총총걸음이라는 말이 그 병아리들의 다리에서 나왔다고 생각한다.

엄마의 주문은 그때 나왔다. 물기 적은 땅을 헤치고 벌레를 물어 든 어미 닭들의 부리를 보고 엄마는 자기 자식의 미래를 말한 것이다.

"너는 닭띠라서 …."

엄마의 예언은 절반의 성공이다. 부지런한 것은 맞았지만 먹을 것을 내가 준비하지는 않았다. 철없는 아들은 교육 전도사 월급으로 어떻게 살 것이냐는 아버지의 걱정에 나름 자신 있는 목소리로 말씀드렸다.

"아버지, 하늘 아버지가 공급하실 겁니다!"

그 철없는 아들의 장담에도 땅의 아버지는 학교 다니는 내내 늘 도와주셨다. 그리고 하늘의 아버지의 도우심으로 여기까지 왔다.

사모하는 목회 스타일은 소다. 소걸음이라는 말처럼 빠르지는 않지만 주인의 손에 이끌려서 우직하게 자기 길을 가는 소가 언제부터 마음에 자리 잡았다. 기도도 그렇게 하고 있다.

블레셋에게 빼앗긴 하나님의 법궤를 멘 암소 두 마리가 젖을 뗀 새끼들을 놔두고 벧세메스로 가는 길을 사무엘서 저자가 이렇게 표현했다.

> 암소가 벧세메스 길로 가는바로 행하여 대로로 가면 갈 때에 울고 좌우로 치우치지 아니했고 블레셋 방백들은 벧세메스 경계선까지 따라 가니라(삼상 6:12).

주위에 뛰어난 설교자들이 있지만 그분들의 스타일을 곁눈질하지 않았고 어떻게 목회할 것인가를 두고 시대의 조류나 유행을 따라가지 않고 등에 진 법궤에 담긴 말씀을 따라가게 해 달라고 기도하고 있다.

인간의 띠는 닭의 이미지로 주어졌지만, 걸어가는 길은 소로 걸어가고 싶고, 마지막에는 하나님께 번제로 드려진 자로 살아가고 싶다.

남은 아쉬움도 있다.

왜 40대 그 첫 목회에서 이런 자세가 나오지 않았나?

그때 이런 자세가 있었다면 하는 아쉬움이 남지만 돌아보면 그때가 있었기에 오늘이 있지 않나 생각한다.

코로나의 어려움이 있지만 지금까지 해 온 것처럼 좌로 우로 치우치지 않고 주신 길을 우직하게 걸어갈 거다.

아주 우직하게 ….

셋

먹방

강물 위
빛들이 서서
그들의 춤을
추고 있었습니다.

셋. 먹방

양평

맛있게 먹는 법

　음식을 맛있게 먹는 건 식사 문제가 아니라 인생 문제이다. 사람 일생을 놓고 볼 때 자는 것과 일하는 시간 외에 다음으로 많이 소비되는 시간이 식사다. 삶이 즐거우려면 먹는 기쁨이 있어야 한다.
　영혼의 감동을 주는 주님의 교훈도 식사 시간에 이루어졌다. 전문가는 아니지만 경험적인 차원에서 맛을 즐기는 법을 소개해 보고자 한다.

　❶ 먹기 전에 음식을 바라본다.
　눈은 입을 자극하는 아주 좋은 통로이다. 음식 색깔과 놓인 위치 그리고 '맵겠다' 혹은 '달겠다'며 생각하는 사이에 벌써 입에서는 침이 돌고 입맛까지 당기게 된다.

　❷ 분위기를 즐겨야 한다.
　월남 국수는 내가 가장 즐겨 하는 음식 중 하나이다. 교회에서 5분 거리 안에 이런 국숫집이 있다는 게 사는 즐거움의 하나가 된다. 깨끗하고 깔끔한 것과는 조금 멀지만 오히려 허술하고 지저분해 보이는 공간이 서울 해장국집 분위기같이 느껴진다.
　자리에 앉아 천천히 주변을 돌아보면서 다른 이들이 먹는 모습을 보는 것도 좋다. 그리고 내 앞에 가져온 하얀 쌀국수를 먹을 수 있다는 게 얼마나 행복한지 모른다.

❸ 첫 숟가락을 즐겨 보는 것이다.

나는 국물을 즐긴다. 수저에 담긴 국물이 혀끝에 닿는 순간 느껴오는 첫 맛이 그날 식사를 좌우한다. 월남 국수의 경우 진해 보이는 고기 국물에 잘게 썰어진 녹색 고추를 듬뿍 넣고 국물에 고추 맛이 배기를 기다린다. 첫 국물이 입에 넣어질 때 목을 자극하면서 나도 모르게 "카~" 소리가 신음처럼 난다.

"그래, 바로 이 맛이야!"

그런 날이면 마셔 버린 국물 아래로 조각난 국수 가락이 못다 한 설교의 언어처럼 아쉽기만 하다.

커피 1

미국에서 마신 커피 중에 최고는 미시간주 호숫가에서 마시던 진한 커피다. 밤새도록 달려온 몽롱한 의식이 새벽 부둣가의 뱃사람들 속에서 진한 커피 향과 함께 깨어난다. 어쩌면 그날 마신 커피가 나를 낯선 그 땅에서 살게 한 희미한 인연이 되었을지 모른다.

611도로 선상에 있던 스타벅스에서 배운 아메리카노는 내 엄마가 끓여 주던 된장국 같았다. 라면도 어떻게 끓였는지에 따라 집집마다 다르듯 아메리카노도 맛이 제각각이다. 그럴 때마다 611도로 선상의 그 커피가 그리워진다.

그랬던 내가 커피를 먹지 못한다. 쥐뿔도 없는 사람이 고기 맛을 알게 된 것이다.

한국에 와서 만난 커피는 검지 않았다. 창가 유리창을 통과한 햇살 아래 본 그 빛깔은 영국 홍차 빛. 붉은색과 검은 것 사이에 색을 걸러 낸 듯 또 다른 신비한 색이 그 안에 있다. 그 색은 늦가을 색이고 강도사 때 입었던 바지 색상과 같았다.

내가 만났던 커피는 쓰지 않았다. 쓴맛이 없는 건 아니지만 쓰지 않았고 신맛이 느껴지지만 그리 시지도 않았다. 단맛이 스며 왔으나 인공으로 나온 맛도 아니었다. 당분이 높은 사과 맛도 아닌, 달지만 달다고 말 못 하고 시지만 시다고 할 수 없는 단맛과 신맛의 조화. 그렇다고 섞인 맛은 아닌 커피.

좋은 커피란 혀끝으로 맛보는 게 아닌 것 같다.

어릴 때 할아버지가 붓을 들어서 한지 가운데 먹물을 떨어뜨리면 떨어진 먹이 원을 이루고 천천히 주변으로 나가듯이, 들여서 쉰 숨에 실려 온 커피가 혀 가운데 떨어지고 천천히 비여 전체로 퍼져 나가기를 기다린다.

그 기분은 추운 날 학교에서 돌아와 안겼던 어머니 가슴과 같았다. 그 따뜻함과 그 향이 ….

자화상

커피 2

얼마 전부터 일어난 몸 안의 반란을 지켜보고 있다. 대장 검사의 마취에서 깨어나자 몽롱한 의식 저쪽에서 진한 커피 한 잔을 간절히 바랬던 몸이 이젠 커피를 거부한다. 분위기상 먹고 싶어서 살며시 넣은 커피가 들어가자 불편한 사인이 온다.

"왜 먹지 말라는데 먹는 거야! …"

왜 그럴까?

커피를 못 마시는 건 단순한 문제가 아니다. 삶의 즐거움 하나가 사라진 느낌이다. 핸드폰 스타벅스 앱에서도 메시지를 보내지 않는다. 몇 잔 이상이면 공짜로 한 잔 먹을 수 있다는 메시지도 끊겼다. 몸의 변화를 자본주의 극치인 스타벅스 앱이 먼저 아는 것 같다.

저녁 무렵 부는 바람에 실려 샌들에 편한 복장으로 앉던 그 자리가 더 이상 가고 싶지 않다. 아침에 진한 향의 커피와 먹던 베이글도 커피 없으면 먹고 싶지 않다. 커피 대신 다른 음료면 되지 않겠느냐는 말은 기르던 강아지를 잃어버린 주인에게 비슷한 다른 강아지면 되지 않느냐는 말과 같이 의미가 없다.

커피만 되는 분위기가 있다. 다른 어떤 것으로 대처 안 되는 의미 ….

병원 의사에게 고민을 말하자, 뭘 그런 일로 고민하냐는 투다.

"다른 음식도 속이 거북하세요. 그럼 안 드시면 되는 거지요."

맞는 말이다. 하나도 틀림없는 정확한 답변. 그래서 맛을 잃어버린 커피 환자는 마음이 씁쓸하다.

누가 그걸 모르나?

새삼 욥기에 나오는 친구 세 명의 바른 상담이 얼마나 건조하고 딱딱한 상담이었는지 생각났다. 의사가 충고한다.

"그럼, 디카페를 드세요."

모욕이다. 커피를 디카페로 먹으라니 ….

내게 디카페란 애정 없는 사랑이고 열정 없는 설교다.

어떻게 디카페로 먹나 … 커피를!

이민 와서 삼사십 년 살다가 늙은 몸으로 입원한 분들이 생각났다.

"목사님 입맛 없어요. 전에는 그렇게 맛있었는데, 뭘 먹어도 …."

아직은 먹고 싶은 게 있고 먹어서 맛을 느끼는 건 다행이다. 언젠가는 커피 맛처럼 하나씩 잃어버릴 날이 있을 거라는 생각이 든다.

다 잃어도 성경을 읽는 맛과 기도하는 맛, 예배의 기쁨은 잃어버리지 않아야 할 텐데 ….

성경에 맛본다는 말이 자주 나온다. 요나단은 꿀을 맛보고 "내가 조금만 맛보아도 눈이 밝아졌거늘"(삼상 14:29) 하고 사울의 금식령을 아쉬워했다.

예수님이 만드신 포도주를 맛본 사람들은 감탄했고 바울은 어떤 것은 맛보지도 만지지도 말라고 했다.

예수님은 생명이심에도 불구하고 죽음을 맛보셨다. 다 잃어버려도 이 맛을 잃어서는 안 될 것이다.

스미*부타동

 평균 30분이다. 안 기다려 본 적이 없다. 오늘도 마찬가지다. 찬바람이 등 뒤로 몰려온다. 기다리는 친구들 모두 젊은 20대. 그들 연령에 또 더해야 내 숫자지만 기다리는 나는 행복하기만 하다.
 어쩜 이렇게 냄새가 좋을까?
 문틈으로 새어 나오는 냄새가 식욕을 간절하게 만든다. 이 집은 한 번씩 우리 감정을 거슬렸을 일본식 돼지고기 숯불 덮밥 집이다. 벌써 50분이나 밖에 서서 기다리는 중이다.
 극동방송 녹음을 마친 내 몸은 항상 이 집 앞에 서 있다. 두세 계단 내려와야 들어갈 지하 식당 문틈으로 스멀스멀 나오는 돼지고기 타는 냄새를 내 몸이 안다.
 이 냄새가 어김없이 나를 성경의 냄새로 인도한다. 제사장들이 고기를 제단 위에 불살라 번제 드리면 화제가 향기로운 냄새가 되어 하나님을 기쁘시게 한다. 그 말을 이해할 것 같다. 고기 타는 냄새가 내 죄를 속해 주지 못하겠지만 텅 빈 배와 마음은 충만하게 해 준다.
 음식을 기다리며 미술관의 행복을 본다. 내가 그림을 보는 것도 즐겁지만 다른 사람이 내가 좋아하는 그림을 어떻게 즐기는지 보는 것도 또 다른 즐거움이다.
 이 집 메뉴는 한 가지다. 숯불에 구운 숙성된 돼지고기가 흰쌀밥을 덮은 채 나온다. 한가운데 자신이 간장 소스에서 나왔다는 걸 드러낸 누런 달걀 하나가 있다. 옆으로 바실리 칸딘스키 그림에서 본 원형 대파 조각이 이제 막 잘렸다는 걸 보여 주기라도 하듯 생생한 색감이다.

먹는 순서는 숯불에 그을린 고기와 고추냉이를 대파와 함께 입에 넣고 "음~" 하고 혀 위에 놓는다. 씹기 전 향기 입안에 퍼지도록 잠시 기다린다.

그리고 경건한 마음과 함께 치아 사이에 살짝 밀어 넣고 씹는다. 고추냉이의 매콤함이 코에 닿기 전, 고기 육즙이 혀 사이로 가득 퍼진다.

고기를 그렇게 먹고 고기에서 배어 나온 간장 육즙에 밥도 비빈다. 힘주지 말고 살짝 비벼야 좋다. 그때 자아를 깨닫듯 달걀을 깨고 노른자와 비빈다. 매운 마유 소스를 넣어 먹으면 좀 더 깔끔함이 느껴진다. 극동방송 녹음이 나에게 준 작은 행복이다. 음식을 오래 기다렸다가 먹는 이 행복….

좌상 (사진 홍은택)

명동

내가 다니던 안과는 한국에서 제일 비싸다는 명동에 있다. 두 눈 뜨고 갔다가 한 눈을 감고 나와 다시 두 눈이 되는 과정에서 들어온 건 맛집이다. 성경에 소경은 눈을 떠서 주님을 바라봤는데, 눈 속에서 암석처럼 굳어진 돌을 제거한 내 눈에 맛집이 보였다.

음식을 향한 세속성은 눈의 시력과 아무 관계가 없는 것 같다. 한국 방문 때 시내버스 타고 이곳을 지나다 봤던 긴 줄이 늘 궁금했다.

'뭔데 저 사람들은 줄을 섰을까?'

그 줄에 드디어 나도 섰다. 아브라함의 아들 이삭이 직영으로 낸 가게는 아니지만, 이름을 빌려 만든 샌드위치 가게가 점심시간이 지나도 길다. 흰 바탕색에 빨간 글씨로 쓴 영문 간판 옆으로 길게 늘어선 사람들, 앞뒤 다 돌아봐도 모두 외국인이었다. 중국말, 태국말과 베트남말이 무슨 내용인지 모르지만 어느 나라 글자인지는 안다.

오랜 외국 생활에서 느낀 감각이라 할까?

그 감각은 떠진 두 눈을 가지고 긴 줄에 서서 차례를 기다리고 있었다. 유모차에 애를 데리고 온 부부는 대만 사람 혹은 중국 사람 같은데 사진 찍느라 정신이 없다. 간판이 나와야 한다고 강조하는 것 같다. 무거운 여행 가방과 함께 줄을 따라가던 일본 자매들은 자기 순서에 낼 돈을 세고 있다.

내가 살았던 미국 필라델피아 도심에도 비슷한 형태의 유명 치즈 스테이크 집이 있었다. 스테이크라 해서 레어, 웰던, 미디움의 레스토랑 고기를 생각하면 안 된다. 이 고기는 빵과 빵 사이에 집어넣는

다진 소고기를 말한다.

  길을 사이에 두고 팻과 지노스의 가게 2곳이 있는데, 팻은 고기가 부드럽고 지노스는 빵이 맛있다. 노란 치즈 소스를 뿌려 주는 지노스가 더 좋은데 아들은 팻이 더 좋다고 주장했다.

  차이를 인정했던 행복한 순간도 떠올리며 시간을 죽이고 있었다. 한 40분쯤 기다린 것 같았다. 현찰을 내고 주둔한 샌드위치를 봉지에 넣고 전철을 탔다.

  명동에서 노원역으로 가는 길은 소풍날 엄마가 준비한 김밥을 매고 걸어가던 어린 시절을 생각나게 했다. 햇볕에 데워진 콜라와 엄마의 김밥은 이상한 조화를 이루었다. 차지도 뜨겁지도 않은 미지근한 단맛의 설탕물과 파래가 섞인 김의 비린 조화는 약간 쉰 듯한 시금치와 치아 사이에서 묘한 맛을 더해 줬다. 그날 먹은 샌드위치 맛은 비밀에 부치겠다.

  여행객 사이에서 햇빛을 받으며 기다릴 만큼의 가치가 있었는지.

  음식은 화덕에서 막 만들어진 뜨거운 맛에 먹어야 제일 맛있다. 명동에서 노원까지의 길, 김에 식어 버린 빵과 빵 사이에 고기 샌드위치가 맛있었냐는 질문에 답하지 않겠다. 다만. 기회가 되면 한 번은 더 설 것 같다.

라면

    기숙사 생활이나 자취를 해 보지는 않았지만 제법 라면은 끓인다고 생각한다.
    '아니, 라면 그냥 끓여 먹으면 되는 거 아니냐'고 의문을 제기할 분도 있겠지만, 라면은 끓이는 사람마다 다르다.
    우선 라면은 국물을 어느 정도로 잡느냐가 관건.
    좀 넉넉하게 면을 건져 먹고 국물에 찬밥 덩어리라도 넣어서 신 김치를 얹어 먹겠다면, 라면 면이 약간 떠 있다는 느낌이 들 정도로 물을 부으면 된다.
    개인적으로 국물형 라면보다 짜파게티형 라면을 즐긴다. 국물은 최소로 하고 라면을 끓인 후 계란을 면발 위에 조심스럽게 놓는다. 계란 흰자는 면발과 면발 사이로 흘러 들어가게, 노른자는 사뿐히 면 위에 걸터앉도록 한다.
    젓가락으로 모양을 훼손하지 않는다. 노른자는 노른자대로, 흰자는 흰자대로, 각자의 길을 가도록 한다. 중요한 건 라면을 냄비째 먹지 않는 거다.
    냄비는 냄비의 길이, 그릇은 그릇의 역할이 있는 법. 뜨거운 라면을 차가운 사기그릇에 부으면 위의 찬 것과 더운 것의 적절한 만남이 보기도 좋고 맛도 좋은 라면을 먹을 수 있다.
    내가 처음으로 시도한 라면은 백종원 씨가 소개한 비빔면이다. 비빔면을 요리하며 내게도 손맛이 있다는 걸 알았다.

"하나님! 이 소설을 제가 썼습니까" 하고 놀란 어느 소설가의 고백은 아니지만 내가 요리했다는 게 믿어지지 않았다. 그래서 경험을 나누고 싶다.

먼저 중간 사이즈 프라이팬에 물을 3분의 2 정도 넣고 끓인다. 뚜껑을 올리면 안 된다. 라면은 뚜껑 없이 끓어야 제맛이다. 물이 끓어오를 때 라면과 스프 건더기도 넣는다. 개인적으로 비빔면은 신라면보다 진라면이 좋은 것 같다. 건더기가 풀어질 때까지 기다린다. 그리고 뜨거운 물을 버리는 동시에 찬물을 넣는다. 이러면 면발이 탱탱하다.

식용유(올리브기름 제외)와 설탕 두 스푼 정도 넣는다. 라면스프는 절반만. (많이 넣으면 짜다.) 그리고 식용유와 섞인 라면 면발을 평안한 마음으로 비빈다. 위로 아래로, 옆으로 위로, 아래 옆으로 …. 말 그대로 비빔면이 된다.

'아! 목사님 이게 스프 맛이지 무슨 맛입니까'라고 할지 모르는데, 아니다. 스프 맛이 아닌 설명하기 어려운 맛이 난다. 국수비빔도 아니고 라면 끓인 것도 아닌, 그 중간의 묘한 맛이다. 아직 시도하지 않았지만 그 위에 오이를 잘게 썰어 올려 먹거나 김 조각을 풀면 더 감칠맛이 날 것 같다.

똑같은 음식이라도 감사하고 맛있게 먹는 것과 마지못해 먹는 건 다르다.

범사에 감사하라!

이순신 장군과 세종대왕도 못 드신 라면을 이렇게 맛있게 먹는 시대에 살도록 한 하나님의 은혜가 감사할 뿐이다.

냉면 먹는 법

여러분 잘 지내죠?

모이려고 하면 코로나 변이가 터지는 바람에 교우를 보지 못한 게 2주째다. 오늘은 더위에 지친 교우에게 나름대로 냉면 먹는 법을 나누고 싶다.

하나님 부르심으로 시작된 전도사 시절부터 냉면 사랑은 시작되었다. 사역하는 곳이 오장동과 멀지 않은 탓에 나의 첫 사랑은 회냉면. 처음 배울 때 내가 먹던 그 회가 홍어라는 걸 알았다. 그 뒤에도 오독오독 씹히던 물렁뼈는 간재미라고 배웠다.

냉면의 회가 간재미냐 홍어냐?

면이 메밀이든 아니든 내게 중요한 건 입안에서 느끼는 맛이다.

❶ 먼저 따뜻한 육수 한 잔을 따라 입안에 넣고 입을 청결하게 한다.

마치 제사장이 성소에 들어가려고 손과 발을 닦는 정결 의식처럼 앞으로 들어올 면발을 기다리면서 육수를 천천히 음미하는 거다.

원칙은 눈앞 냉면에는 젓가락을 바로 대지 않는다는 것이다. 먼저 붉은 양념과 자신의 몸의 절반을 희생한 계란 노른자와 흰자를 바라본다. 그들 사이에 자신의 존재를 숨기고 있는 내용물을 살펴본 후 천천히 젓가락을 댄다. 눈에서 입으로 가는 과정이다.

❷ 면발을 자르지 않는다.

누군가 "면발의 시작은 젓가락에 있어야 하고 면발의 끝 부분도 위장 안에 나란히 있어야 한다"고 했다.

면발을 가위로 자르는 것은 냉면에 대한 일종의 모독이라 생각한다. 왜냐하면 냉면이 씹어서 먹는 음식이 아니기 때문이다. 냉면 면발은 입으로 들어가 목을 거쳐 위장으로 내려가는 과정에 목 안에서 느껴야 할 음식 중의 하나다.

한 번 숙인 고개를 냉면이 끝날 때까지 들지 않는다. 엄밀히 말한다면 들어지지 않는다는 말이 더 정직한 표현일 수 있다. 냉면은 겸손하게 시작하여 끝까지 머리를 숙이고 목으로 넘어감을 느끼게 된다.

❸ 회냉면에 빠져 지내다가 어느 날부터 밋밋한 평양냉면과 함께하는 다른 사랑도 시작되었다.

같은 햇살 아래인데도 매운 게 그리워지면 함흥으로, 시원한 국물이 생각나면 평양으로 간다.

여기서 계란은 어떻게 할 것인가?

면발 먹기 전에 먹어야 하나?

아니면 면발 흡수 후?

내 경우는 반드시 먼저 먹는다. 물냉면 경우는 노른자를 풀어 육수와 하나가 되게 하고 노른자 없이 홀로 남은 흰자를 조용히 맛본다. 계란을 나중에 먹어보니 마지막 맛이 냉면 면발이 아니라 계란으로 끝이 나는 걸 느끼고 이후부터는 계란을 먼저 먹게 됐다.

❹ 물냉면의 마무리로 남은 국물을 시원하게 들이킨다.

내 입안 속 침과 입의 열기로 하나 된 국물을 뼛속 깊이 넣으며 아쉬움을 달랜다. 회냉면 경우는 마지막 젓가락을 놓고 그 아쉬움을 육수로 위로한다.

더 먹으면 무리라는 걸 알고 있는 내 육체와 반대로 더 먹고 싶은 마음 사이에서 육과 영의 싸움을 느끼지만 다음 손님을 위해 일어난다. 냉면 값이 더 오르지 않았으면 한다. 이렇게 먹을 수 있다는 것이 큰 은혜임을 고백하면서 ….

이 글을 쓰면서 오늘은 냉면 한 그릇을 필히 해야 할 것 같다.

교우 여러분 모두 주 안에서 건강하시길!

설렁탕 먹는 법

지난 칼럼에 냉면 먹는 법을 실었는데 오늘은 설렁탕 먹는 법이다. 성경은 먹는 것에 대해 두 가지 관점을 제공한다.

하나는 배를 신으로 삼는 인생관이다. 예수님이 노아 시대의 사람들이 먹고 마시고, 사고팔고, 시집가고 장가가는 일을 인생의 전부로 아는 이들의 허망한 종말에 대해서 말씀하셨다.

또 다른 관점은 예수님의 말씀에서 본다. 예수님은 사람을 살리고 나서 먹을 걸 주라고 말씀하셨다(눅 8:55). 사람이 먹을 수 있다는 것은 삶의 증거며 시작이다. 솔로몬도 먹고 마시는 걸 하나님의 선물이라고 말했다(전 8:15).

먹을 게 있는 것과 먹을 수 있다는 사실은 하나님의 은혜이다. 식기도의 당위성은 이런 감사에서 찾아야 한다.

먼저 설렁탕이 나오면 일단 머리 숙여 식사 기도를 드린다. 식사 기도를 하는 동안 국물 냄새가 앞으로 이루어질 성찬을 온몸으로 기대하게 만드는 효과가 있다. 눈 뜨는 순간 코로 밀고 들어온 진한 고깃 국물의 실재가 확인되면 원형으로 잘게 잘라진 파를 국물 위에 수북하게 넣는다. 어릴 때 마당에 쌓아 놓은 무 더미 위에 흰 눈이 쏟아진 것처럼.

내가 자주 가는 설렁탕집은 40년의 긴 전통을 가졌는데 국물에 국수를 미리 넣어서 나온다. 탕 안의 국수와 다른 국수 하나를 더 시켜 하나로 만들고 막 넣은 생파가 섞이도록 한다. 깍두기보다 김치를 즐기는 편이며 김치 허리를 가위로 자르는 흉악한 일은 하지 않는다.

김치는 국물 안에서 이로 잘라야지 국물 밖에서 가위로 자르는 게 아니다. 뜨거운 국물에서 막 건져낸 국수 위에 긴 김치를 싸서 입안에 조용히 밀어 넣는다. 크게 한 입 씹고 작게 한 입 씹고, 두 번째 젓가락이 다른 국수를 올리고 입안 맷돌질 횟수가 더하다 보면 어느새 국수 편이 끝난다.

국수를 흡입한 후에 밥이 담긴 공기를 두 손으로 조용히 흔들면 공기와 밥 사이에 공간이 생긴다. 이를 국물에 살포시 내리면 남겨진 밥풀 하나 없이 국수의 빈자리에 밥이 들어앉는다.

설렁탕 고기를 수저 위에 올릴 때, 침대에 지친 인간의 몸처럼 밥알 위에서 처질수록 맛있는 고기가 될 확률이 높다. 혹시 고기가 쌍으로 되어서 한가운데 찢긴 옷자락처럼 두 쪽으로 나누어져 있다면 금상첨화다.

설렁탕은 꼭꼭 씹어 먹지 않고 말 그대로 설렁설렁 먹는다. 설렁설렁하다는 말은 가볍게 진행한다는 의미로 더운 김을 훅훅 불어 가면서 고기와 함께 밥알은 가볍게 씹어야 맛이 더 살아난다. 치아의 맷돌질로 고기의 육즙을 만들어 내는 동안 밥알이 국물과 함께 목 안으로 술술 넘어갈 때야말로 설렁의 진정한 맛을 느낀다.

밥을 그렇게 먹다 보면 맑던 설렁 국물은 김칫 국물과 입안의 침으로 그 색이 변해 있다. 억지로 변한 게 아니라 자연스러운 식사 과정에서 변한 국물을 양손에 들고 후르르 마시고 나면 밑바닥에 남은 밥알이 눈에 띈다. 밥알을 수저로 건져 먹고 아쉬움에 한 번 더 바닥을 긁게 된다.

귀국한지 4년, 여러 설렁탕집을 다녔지만 역시 옛날에 먹었던 이 집이 진정한 모국의 맛으로 다가온다. 그래서 새 길도 가지만 옛길을 잊지 않게 된다.

더운 여름 설렁 한 그릇 어떠세요.

넷

그림

그 바다에서
그림이 색이라는 걸 배웠습니다.

고성

넷. 그림 99

고성

카페에 앉으면

야외 카페에 앉으면 보이는 풍경이 있다. 우선 사월 햇살이 부는 바람과 함께 내 몸의 반은 따뜻함에, 남은 절반은 그늘에 잠긴다. 그리고 천천히 그늘의 어둠을 조금씩 제거해 준다. 그늘에 있다고 춥지 않고 햇살 속인데도 뜨겁지 않은 이유가 불어오는 바람 때문일 것이다.

햇살이 지하로 내려가는 계단의 알루미늄 손잡이를 비춘다. 빛이 눈에 반사돼 작아진 동공 시각 안에 내가 봐왔던 세상을 더 눈부시게 만든다. 쏟아지는 햇살이 마술이 되어서 눈에 보이는 것을 보이는 것보다 더 생동감 있게 변화시킨다. 그 생동감이 진실이 아닌 느낌일지라도 진실보다 느낌에 한 표를 던져야 할 오후다.

코코스홀 입구에 늘어선 벚꽃의 아름다움보다 그 나무 아래 봄바람에 흩날린 스카프를 맨 여학생 원피스가 더 아름다워 보인다. 강의실에는 처진 목과 어깨 그리고 그 어깨 위로 걸쳐진 색이 햇살 아래서 부활한 듯 활기차게 움직이고 있다.

이런 햇살 아래에서 검정색은 무게감이 상실해 가는 걸 느낀다. 대신 자주색과 핑크 그리고 흰색이 무게감을 대신하며 바람에 흩날린다. 바람과 햇살이 죽어 버린 것도 살릴 것만 같은 기세로 달려 나온다.

아! 봄이다!

꽃은 피워 냈지만 꽃 아래 굽어진 나무가 공간을 만들어 내고 있다. 겨우내 메말라 버린 나무 둥지가 물 머금은 채 둥지와 둥지 사이에 아련한 공간을 만들어 준다. 마치 물에서 올라오는 안개처럼 공간이 물에 젖어 있는 것 같다.

굽은 나무와 나무 사이로 곧은 철기둥이 서 있지만 시선은 철기둥이 아닌 굽어진 나무 등으로 향한다. 곧게 솟아야 한다는 책임감이 상황에 맞도록 적절히 굽은 채 자연의 등 앞에 풀어지는 것 같다.

곧은 것보다 굽은 게 아름다울 때가 있는 법이다. 학교 카페에서 나오는 원두커피향이 굽어진 등 사이에서 풍기면 새삼스럽게 내가 고급진 놈이 아니라는 걸 알게 된다.

엄마의 된장국 마냥 미국에서 배운 중급의 아메리카노가 그립다. 햇살 아래 뚜껑을 열면 가을색 띤 거품, 그 거품 아래 풍겨나는 진한 향과 창밖에서 흔들거리며 손을 내밀어 주던 나뭇잎 그림자까지 ….

이럴 때 야외 카페는 나의 또 다른 교회로 자리한다. 바람과 햇살, 그 속 풍경이 그분의 손길이 되는 현장이다.

그림은 운명적 만남에서 온다

 추석 연휴에 샤갈(Chagal)전을 다녀왔다. 나는 그림이 운명적 만남을 전제로 한다는 믿음을 갖고 있다. 만남이 없는 그림은 이민 간 낯선 땅, 다운타운을 지나는 행인들 속에 서 있는 것과 같다.
 운명은 나의 몸뚱이가 실린 지하철 건너편에서, 기계음 내며 지나는 다른 편 열차 차창에 비친 여인의 잔상처럼 그렇게 나를 찾아왔다. 운명이 나에게 찾아오는 날, 얼굴에 비친 햇살처럼 내 앞의 사물을 못 보게 했다.
 물에 비친 햇살처럼 운명은 내 얼굴을 힙합 가수들의 무대가 되게 하는 힘이 있다. 아른거리지만 분명 실체가 없다. 들려오는 소리에 어깨가 들썩이는데 정작 가사를 외우지 못하는 것처럼 운명이 그렇게 찾아오는 것이다.
 그림이 나와 운명을 하나 되게 하는 건지, 운명이 그림을 하나 되게 하는 건지 정의가 불분명한 점도 특징이다. 실체가 있으나 설명이 어렵고, 설명할 수 없지만 존재한다는 게 운명이 가진 운명이다.
 그림은 설명서나 오디오에 의한 해석이 진실의 일부, 혹은 왜곡된 진실이라 말하고 있다. 적힌 글보다 들려지는 해석보다 중요한 건 느낌 여부다. 다시 느낄 수 있다면 스스로 혈관 한 쪽을 구멍 내 느끼지 못한 피를 내보내고 몸 안에 느낌이 가능한 피를 만들어내고 싶은 목마름을 채울 것이다. 목마름은 그림과 운명적 만남을 가능케 한 몽학 선생이 된다.

샤갈전은 내 안의 목마름이 어디서 왔는지를 알려 주었다. 샤갈이 그린 〈다윗과 모세〉는 실내가 뭔지 모르는 갈망의 붓질이고, 고흐가 그린 〈불 꺼진 교회당〉은 불을 켜고 싶은 열망의 손짓이었다.

　한국서 만난 샤갈 작품은 크지도 많지도 않았고 유화보다 판화가 많았다. 한 판에서 만들어 낸 자식들의 희미한 모습이 더 목마르다. 떠나기 전 누구와 마지막 시간을 보낼까로 고민했다.

　샤갈전에서는 〈사랑하는 연인들과 수탉〉, 〈예레미야의 눈물〉, 〈기도〉, 〈비테프스크 위에서〉 작품을 눈여겨보면 좋을 것이다.

　관람을 끝내면 집으로 가지 말고 전시장 마당에서 마당을 지나는 바람과, 바람과 함께 찾아오는 햇살 아래 자신을 맡겨 보길 바란다.

　강아지를 안고 가는 아이의 모습, 한 몸이 되기 위한 연인들의 몸짓, 벤치에 앉은 채 인생의 무게를 지닌 노인의 얼굴, 이 모든 게 또 다른 그림이 돼서 우리 눈앞에 펼쳐질 것이다. 미술관 건너갈 때 어릴 적 양말 벗고 시내를 건너는 느낌과 같았다.

　그림 앞에 있다가 돌아오는 길이 행복의 단비로 가득했다.

미술관 추억은

확진에 대한 부담감 때문에 만나야 할 사람과 장소 등의 동선을 조절하는 게 쉽지 않다. 이럴 때 나만의 탈출구를 찾는 방법 한 가지는 즐거웠던 추억 돌아보기다. 그렇게 찾아온 기억 한 가지가 미술관에 갔던 추억이다.

매년 대학이나 신학대학원 졸업자를 따로 초청해 즐거운 시간을 가져 왔다. 작년 졸업자들은 식사와 영화 관람을 했는데, 올해 네 사람은 내 방식대로 했다.

미술관과 내가 다니던 맛집, 이 두 곳을 선정했다. 장소는 서초동 한가람 미술관에 전시 중인 "모네에서 세잔까지", 관람과 맛집은 유명 해장국집이었다.

신선한 선지와 양 곱창 그리고 시래기가 무와 잘 어울려서 뚝배기에 가득 채워 나온다. 수저로 국물을 살짝 맛보고 고추기름을 약간 올려 떠먹으면 …. 맛은 그 맛을 본 사람만 아는 것이다. 맛을 소개하고 보는 눈을 즐겁게 해 줄 전시회를 소개한다.

왜 이런 전시회는 강남에서만 열릴까?

우리의 성지인 상계동에서는 왜 안 열리지?

이 마음으로 미술관을 걸어 들어갔다. 입구에서 내 나름의 그림 감상법을 스텝들에게 알려 주었다.

1. 뭔가 배워야 한다는 부담감을 버려라.
2. 붙여 놓은 설명을 읽지 마라. 대신 느껴라.

3. 그림은 각도와 거리가 중요하다. 다양한 각도에서 보라.
4. 느낌이 있는 그림 앞에 서서 질문을 해 보라.
   '그림의 시작점은 어딘가?'
   '화가의 마지막 붓은 어디서 끝나는가?'
   '그려진 시간이 언제쯤인가?'
5. 자신에게 물어라.
   '이 그림이 왜 끌렸는가?'
6. 전시장 입구의 첫 그림과 출구에 걸어 놓은 마지막 그림을 비교해 봐라.

그날 스텝들과 즐겁게 보냈다. 즐거움이 추억이 되어 코로나로 지친 마음 한곳을 시원하게 해 주었다. 추억은 하나님이 우리에게 주신 은혜의 수단이다. 즐거운 날이 있는가 하면 힘든 날도 있는 게 삶이라고 본다.

힘들 때 즐거운 시간을 꺼내 보는 건, 더운 여름날 우물에서 물을 길어 먹는 것과 같은 것이다.

나도 모르게 내가 그려진다

자화상, 나를 그리다

영국 근대 역사를 다룬 〈더 크라운〉(*The Crown*)이란 드라마가 있다. 드라마에서 80세 생일을 맞아 의회에서 보낸 화가인 그레이엄 서덜랜드가 처칠의 초상화를 그리는 장면이 나온다.

처칠은 처음부터 화가에게 자신을 개인으로 보지 말고 영국의 수상이요 히틀러에 맞서 세계를 구해 낸, 영민하고 카리스마 넘치는 지도자로 그려 줄 것을 요구한다.

그러나 처칠의 바람과 다르게 서덜랜드는 처칠을 기울어져 가는 대영제국의 영광의 끝자락을 사는 늙고 노쇠한 자, 마지막까지 권력의 자리를 놓지 않으려고 욕망에 젖어 있는 노인의 모습으로 그린다. 인상적 대사는 그림을 보고 분노하는 처칠에게 화가가 한 말이다.

> 노쇠해 보이는 건 당신이 노쇠했기 때문이고 연약해 보이는 건 당신이 연약하기 때문입니다. 나는 꾸미는 것을 거절하고 보이는 것을 그렸을 뿐입니다.

결국 그 그림은 첫 공개 뒤 처칠 아내에 의해 불태워졌다. 초상화를 볼 때마다 괴로워하는 남편을 위해서였다.

누군가의 얼굴을 그려 낸다는 건 보이는 겉면이 아니라 그 속에 담겨 있는 세월의 흔적과 그 세월의 무게 속에서 다져진 성품과 삶을 그려 내는 것이다.

타인의 얼굴을 그린다는 건 쉽지 않다. 자기 얼굴을 표현한다는 것은 더 어렵다는 걸 배웠다. 그렸다 지우고… 또 그리고 지우기를 … 그렇게 망쳐 먹은 그림만 20장이 넘었다.

그리다가 보면 마음속에 자리한 감정이 쑥 나와 화폭에 들어가는 걸 느낄 때가 있다. 자기 몸으로 낳은 자식처럼 빠져나간 감정이 하얀 캔버스에 담긴 걸 보고 출산의 기쁨을 느낀다. 잘 모르지만 그게 화가의 기쁨일 것이다.

내 얼굴에 담아 살려 내고픈 감정은 고요함과 단순함. 그 감정들이 크지 않고 아주 작은 점들로 있지만 그 미세함을 표현해 내고 싶다. 보이는지… 존재하는지 잘 모르지만 있다고 믿고 싶다.

이런 말을 내가 들을 수 있을까?

아마 어렵겠지!

> 그 얼굴이 천사의 얼굴과 같더라(행 6:15).

우리 동네 미술관

정말 덥다. 오래 살아보지 않아 조심스럽지만 차라리 캄보디아가 덜 더운 것 같다. 폭염이란 말이 실감 난다. 이 더운 날 미술관 관람을 권해 본다. 북서울 미술관에서 한국 근대 명화를 전시한다. 나도 이번 주간 다녀올 생각이다.

미술관은 맛집과 비슷하다. 어느 집이 맛있다고 하면 뭐가 맛있는지 묻고 다른 집에서 먹었던 음식 경험을 머릿속에서 비교해 본다. 비교하는 동안에 입안으로 침이 괴고 몸은 맛집에 가 봐야 한다고 말을 건다.

북서울미술관에서 전시 중인 그림을 덕수궁 기념 20주년 근대의 걸작에서 봤었다. 그곳에 전시되었던 그림들이 다 전시되었는지 모르겠다. 화가 이름을 보자 그때 봤던 그림과 겹쳐진다.

기억에 남은 그림 몇 가지를 추천한다면 화가 오지호의 〈남향집〉이다. 오지호는 을사조약 때 스스로 자결한 군수의 아들로 태어났다. 일본에서 배운 그림이지만 그가 그린 〈남향집〉은 지극히 한국적이다.

이 그림이 나를 잡아 둔 이유가 있다. 담벼락에 비치는 따듯한 햇살 아래 잠든 강아지와 그림 전면의 대추나무 사이로 빨간 옷을 입고 바라보던 화가 딸의 어린 몸짓이 인상적이다. 어릴 때 집 대문 안에 서서 밖을 보고 놀던 시절과 겹쳐지면서 화가의 따뜻한 마음이 느껴졌다.

다른 그림은 박노수의 〈선소운〉이다. '선소운'이란 신선이 연주하는 퉁소 소리를 말한다. 그림 전면에 검은 한복의 여인이 의자 끝에 앉아 뭔가를 물끄러미 바라본다. 실내화 발목 위로 긴 치마가 내려와 있다. 두 손은 무릎 위에 깍지 낀 채, 전체적으로 편안한 자세가 아님에도 범접할 수 없는 무게감이 여인에게서 나온다.

여인의 굽어진 어깨 위에 걸쳐진 검은 한복을 따라 길게 늘어진 흰색이 흑과 백의 조화를 이루면서 마치 제단 앞에 선 경건함까지 느껴진다.

이 그림은 멀리서 천천히 걸으며 보고 다시 뒷걸음으로 나가다 보면 더 확실하게 보인다. 인생이 가까이서 보이지 않는 것처럼 그림은 거리가 있어야 보인다.

이 외에도 박수근의 〈할아버지와 손자〉, 김환기, 천경자 등과 같은 거목들의 그림도 한자리에서 볼 수 있다. 아직 가 보지 않았지만 다른 음식점에서 맛을 본 이야기로 내가 가서 만날 그림을 미리 말했다. 다녀와서 그 그림들 이야기를 더 해 보고 싶다.

상계동에서 모네를 만났습니다

 신기했다. 그림 앞에 섰을 때 약간 물러서 말하면 지금 내가 꿈을 꾸는 게 아닌가 하는 생각이 들었다. 상계동에서 모네의 그림을 만나다니 … 신기했다.
 일반적으로 한국에서 유럽의 그림을 볼 수 있는 장소는 대개 강남이나 대형 미술관인데 이런 명작들을 내가 사는 동네 미술관에서 볼 수 있다는 게 행복했다.
 미국 서부 한 사막 도시에서 집회 요청이 있어서 사막 한가운데 간 일이 있었다. 그 도시 미술관에 갔을 때 눈에 잘 띄는 장소에 모네 그림 한 점이 걸려 있었다. 대개 미술관이 소장하고 있는 작품 중에 자랑스럽게 생각하는 그림은 입구에 눈에 잘 띄는 장소에 두는 법인데 내 느낌에 그 그림이 미술관이 소장한 유일한 모네의 작품같이 보였다.
 생각해 보면 우리나라 미술관에서 모네의 작품이나 반 고흐의 작품을 소장한 미술관은 없다. 그런 유럽 작품을 노원구에서 볼 수 있다니 그만큼 우리 동네가 문화적으로 높아졌다는 생각이 들었다.
 북서울미술관에서 영국 테이트(TATE)미술관 스페이스바의 그림들을 전시하고 있다. 그림을 포함해서 110점의 미술품이 16개의 방에 나누어서 전시되고 있는데 전체 작품 구성은 큐레이터의 몫이고 나는 내 나름대로의 관점을 가지고 그림을 중심으로 천천히 미술관을 다녔다.
 입구에 전시된 윌리엄 터너(William Tunner)의 작품은 화가들이 자연의 한순간을 그리다가 추상화로 넘어갈 수 있는 충분한 근거를 말해 주고 있었다. 윌리엄 터너의 그림은 빛이 토여 주는 그 자연의 아름다움을 더 담아내고 싶은 욕망이 보였다. 그래서 그의 작품은 추상화를 잉태하고 있다.

이번 전시회에서 내 마음을 담아 두고 온 그림은 모네가 1894년 그린 〈포호빌레의 세느 강〉이다. 강변과 그 아래 흐르고 있는 강 위에 비친 강변의 두 모습이 하나인 것처럼 그려진 그림이다.

왜 그 그림에 내 마음을 담았는지 지금도 생각하고 있다. 그 파장이 내 마음의 호수에 동그라미를 그리며 울리고 있다. 노원구에 오게 돼서 행복했던 밤이었다.

행복이었는데

 학교 정문이 굳게 닫혔다. 비원의 낮은 담장처럼 친근해서 위협적이지 않았고 자신의 몸을 다 가리지 않은 사이사이로 속을 보여 주던 정문이 팔을 펴고 외부인과 내부인의 경계가 되었다. 문은 닫혀도 마음은 닫지 말아야 하는데 ….
 바이러스 사태가 가져온 재앙은 만나지도, 모일 수도 없게 만든다. 사태가 일어나기 전에 둘째 손자를 안고 애견센터 앞을 걸은 적이 있었다. 그때 손자가 내 귀에 대고 이렇게 말했다.
 "하찌, 내가 15살이 되면 엄마가 강아지 사 준다고 했어."
 "아, 그래. 네가 15살이 되면 …. 하찌가 그때까지 살아 있을까 한번 봐야겠다."
 이 말을 하고 머릿속으로 나이에 그만한 수를 더하고 있었다.
 그런데 내 말이 손자의 마음을 슬프게 했나 보다.
 아차 싶어서 이렇게 말했다.
 "그럼, 하찌가 살아 있지."
 그랬더니 그다음에 그 다음에 아이가 한 말을 듣고 "아, 얘가 아이가 아니구나" 하는 생각을 했다.
 "아무도 안 죽었으면 좋겠다. 하찌, 할미, 잠실 할미, 하찌 엄마, 아빠, 형아, 삼촌 …."
 줄줄이 식구 이름을 대는 아이의 얼굴에 자신이 한 사람이라도 그 이름을 빼면 큰일 날 것 같은 두려움이 보였다. 그때 잠시 아이가 말을 멈추고 손으로 얼굴을 만지면서 이렇게 말했다.

"하찌, 누가 죽는다고 생각하니까 눈물이 날라고 해 …."

그날 오후 6살 아이와 보내며 배운 것이 많았다. 살아온 날도 은혜지만 남아 있는 날들이 더 큰 은혜라는 걸 깨닫는다.

보고 싶다. 로고스 홀 지상에서 비추는 빛을 받으면서 지팡이 길이만큼 허리를 낮춰 들어오시는 할머니들 모습과 자기 키만한 가방의 긴 끈을 허리에 매고 뛰어나가는 아이들 모습을….

다시 맡아 보고 싶다. 홀 한쪽에서 풍겨나는 진한 커피 향과 계단 타고 풍겨 오는 두부 섞인 구수한 김치찌개 냄새도 맡고 싶다.

다시 듣고 싶다. 성가대의 찬양과 벌릴 수 있을 만큼 크게 벌린 입술 모양을 따라 나오는 회중의 찬송 소리, 그리고 회중이 마가복음을 읽는 소리를.

그때는 이게 그렇게 큰 은혜인지 몰랐다.

다들 그렇게 모이고, 마시고, 먹으니까 당연한 것처럼 느꼈다. 지금은 만날 수 없고 모일 수도 없다. 같이 먹을 수 없는 날이 길어지니 더 알게 된다. 그게 얼마나 큰 은혜였는가를.

우리 다시 만나요.

코로나

covid

매일 새벽 브니엘홀에서 하는 새벽기도 책상에 놓인 투명의 칸막이는 코로나가 어디에 왔는가를 내게 알려 주고 있다. 한자리를 둘로 나누던 투명 막이 아니라 삼면을 막은 투명막 속에 앉아 있을 때 느끼는 답답함을 표현하고 싶었다. 그때 생각난 화가가 28살에 마약중독으로 사망한 장 미셸 바스키아(Jean Michael Basquiat)였다.

　그의 그림을 처음 본 건 뉴욕현대미술관(MOMA)이었다. 거리에 낙서하듯이 그려진 그의 그림은 필라델피아 흑인 거리에서 흔히 볼 수 있는 낙서처럼 보였다. 그림에 대한 첫인상은 저걸 뭘 그림이라고 그렸을까 해서 관심 없이 지났었다.
　그러나 그의 그림들은 가던 발을 멈추게 하고 그 그림을 해석해 낼 수 있는 언어들을 내 속에 심어 주기 시작했다 그렇게 만난 그의 그림들이 마음 한구석에 자리 잡았다는 걸 이 그림을 그리면서 알게 되었다.

　머리 위를 짓누르고 있는 산들은 양평 가도를 달릴 때 눈에 들어와 앉아 있는 산의 선들이다. 칸막이의 공간과 공간 사이의 선은 마음에 들어온 산의 선을 넘어가고 있다. 그 공간에서 눈을 떴을 때 보이는 창문 너머 나무들의 선과 공간이다. 날아야 할 새와 헤엄쳐야 할 물고기도 건물과 공간 사이에 갇혀진 얼굴을 맞댄 이들의 모습을 보고 있다.
　모두가 지쳐 보인다. 아니 지쳤다. 선도 공간도 그 선 아래와 공간 속에 갇힌 모두가 지쳤다.

새삼 바울의 한탄이 생각난다.

> 피조물이 다 이제까지 함께 탄식하며 함께 고통을 겪고 있는 것을 우리가 아느니라(롬 8:22).

아들은

엄마에 대해 아는 게 없었습니다

파도 속의 끄덕 없는 바위 같았던 엄마를

속초

다섯

몸

지는 태양에
지지 않겠다고
고개를 들고
먼 산의 선에
자기 키를 재고 있는
갈대를 보았습니다.

다섯. 몸   119

경산

불편한 다리

시인인 내 친구는 자신 몸의 근황을 이렇게 말했다.

> 바른 무릎만 시큰거린다.
> 바른 눈만 시려 눈을 옳게 뜰 수가 없다.
> 바른 발가락만 쥐가 오른다.
> 바른 손가락에만 힘이 없다.

강남 간 친구 따라 나도 한쪽 다리가 불편해졌다. 불편해진 다리 한쪽을 끌고 다니면서 한 사람이 생각났다.

선천적 장애를 가지고 태어나 '나는 왜 이런 장애자로 나왔을까', 그 비밀이 이해가 안 돼 한동안 고민에 빠졌다가, 신앙을 가진 후 하나님은 능력이 많으시니까 내 다리 하나 고치는 건 문제도 아닐 것이라 믿고 열심히 기도했지만 고침을 받지 못해 지금도 절고 다니는 이민 교회 목사님이다.

동료 목회자들이 산책 나갈 때 그는 벤치 한 쪽에서 다녀오라며 손을 흔들곤 했다. 계단 내려갈 때는 난간 붙잡고 불편한 다리 한쪽을 먼저 올려놓고 반대쪽 성한 다리로 받쳐 오르던 모습이 영화의 장면처럼 지나갔다.

계단을 하나씩 밟고 올라가기 싫어 계단을 묶어 뛰어오르던 시절은 지나간 것 같다. 어릴 때 뭐가 서운한 것인지 기억나지 않지만 검은 광목으로 만든 이불 아래서 주먹 꼭 쥐고 '난 빨리 어른이 될 거야. 그래서 내 마음대로 하고 싶은 대로 살 거야' 하고 다짐했었는데 ….
 부교역자 시절 기도원 마당에서 강사로 오신 목사님을 봤다.
 '아, 난 언제나 담임목사가 되나?
 언제 한 번 미국에 가서 부흥회 해 보지?
 난 언제 저 강사처럼 되나?
 목회는 저렇게 희끗 희끗한 머리칼 가지고 허야 제 멋인데 ….'
 미래의 시간이 빨리 오기를 갈망했었다.
 이젠 두 주먹 쥘 것도 없는 어른이다. 강도사, 목사, 그리고 담임을 두 번씩이나 거친 목사가 되었다. 미국 바람이 불어서 "하나님, 저 미국 보내 주세요" 하고 기도했는데 이젠 그 미국도 마감하고 들어왔다.
 손녀가 자신과 놀아 주던 할머니 머리를 보고 이렇게 질문했다.
 "할머니 머리는 왜 그렇게 하얗게 됐어?"
 할머니가 웃으면서 한 말은 이렇다.
 "그러게 말이야. 할머니 머리에 겨울이 온 거야."
 불편한 다리가 내 인생의 겨울이 오고 있음을 알려 주는 신호다. 겨울을 사는 사람이 봄을 그리워할 이유가 없을 것 같았다.
 만일 하나님이 내게 다시 봄으로 돌아가 살라그 하시면 아니라고 말씀드리겠다. 봄은 미숙했지만 그 미숙함이 있기에 겨울의 정직을 배운 것 같다. 겨울 산은 숨길 게 없고 있는 그대로를 보여 주는 장점이 있다. 그래서 겨울 산이 가장 솔직하다. 겨울은 겨울을 사는 맛이 있다.
 차츰 호전되지만 불편한 다리가 나에게 준 은혜는 생각보다 깊게 다가왔다. 이 영적 겨울을 행복하게 살아가고 싶다.

계단

"정권아, 고개를 숙이면 세상이 돈다."

엄마가 입술 깨물고 들려주던 그 말이 무슨 의미인지 몰랐다. 아들이 엄마 나이가 되고 보니 의미를 알게 된다. 평균 1년 혹은 2년 주기로 한 번은 거의 정신없이 앓는 경향이 있다.

올해도 어김없이 그날이 왔다. 이상한 건 이런 날이 오면 천장이 돌아가는데, 왼쪽으로 돌아누우면 괜찮다. 이 증상은 미국과 한국에서 동일하게 적용된다. 고개 숙이면서 있는 땅이 흔들리고 오른쪽으로 누우면 천장이 도는 현상은 돌아가신 엄마의 아들임을 나타내는 영적 DNA 같았다.

아픈 날, 주일 설교만큼 신경이 쓰인 건 강단으로 가는 계단이다. 중학교 입학 전, 이사한 집은 긴 계단을 올라야 있는 집이었다. 계단이 정확하게 몇 개인지 모르지만 시장 다녀오던 엄마가 중간에 쉬시면서 "네 아버지는 이걸 집이라고 얻었는지 모르겠다"고 한탄하셨다. 그래도 그 집 옥상에서 본 해가 지던 서울은 아름다웠다.

목양실을 나와 강단 뒤로 가는 뒤편 계단은 총 51개다. 설교 마치고 강단에서 내려와 인사 자리까지 계단은 17개다. 이름하여 68계단.

문제는 계단 높낮이와 발을 딛는 넓이가 서로 다르다는 것에 있다. 한 계단 올라 최소한 서너 걸음은 걸어야 다음 계단에 오른다. 그리고 그 계단과 계단 사이에 손으로 잡을 난간은 없다.

나가는 교우들과 인사하기 전 위에 서서 보면 그 계단을 올라오시는 어른들의 손이 무릎에 가 있는 걸 보게 된다. 주님이 주시는 은혜를 사모하고 앞자리로 오셨는데 예배 마치고 힘들게 올라오시는 걸 보면 마음이 아프다.

이 교회에서 오래 목회할 조건 중의 하나가 계단 오를 체력인 것 같다. 1부 마치면 계단 내려가고 다시 올라간다. 2부를 마치고 같은 경로로 갔다가 다시 3부에 와야 하는 내 입장에서 주일 설교만큼이나 계단이 신경 쓰였다.

스바 여왕이 여호와의 전에 올라가는 층계를 보고 정신이 황홀했다는 말이 나온다. 혹시 스바 여왕이 너무 높아 그랬나 싶은 생각에 나는 여기서 연습을 많이 해서 천국 계단이 그렇게 어려울 것 같지 않다는 생각이 밀려온다.

백병원 1

"숨 들이쉬고 멈추세요. … 숨을 내쉬세요. …"

녹음된 여성 목소리가 들리고 음성 따라 멈추며 내쉬기를 반복했다. 둥근 원 속에서 만물이 벌거벗은 채로 드러내듯 내 몸속의 간이 찍혀지고 있었다. 병원 검사실에서 만난 집사님의 배려로 검사는 잘 마쳤다.

엄마는 항상 내가 철이 없다고 말씀하셨다. 정말 나 자신을 돌아봐도 철이 없다. '결혼하겠다'고 말씀드릴 때 아버지가 물으셨다.

"정권아, 쌀 한 가마, 연탄 100장 값이 얼마인지 아니?"

대답을 못했다. 연탄 한 장 사 본 일이 없기 때문이다. 그리고서 드린 대답은 이랬다.

"아버지, 걱정 마세요. 하늘 아버지가 저를 먹이실 겁니다."

아들 다섯 데리고 치열한 삶을 살아온 아버지는 그만 할 말을 잊으신 듯 보였다. 자신이 신학생 아버지가 된 것도 이해를 못 하시는데 그 신학생의 하늘 아버지 이야기는 신화 자체였을 것이다.

'하늘 아버지가 너를 먹여 살려?

그럼 지금까지 키워 준 나는?'

이런 표정이었다.

부모님은 현실감이 너무 멀고 철없어 보이는 둘째가 제일 걱정거리였다. 그래서 아버지는 남은 형제들에게 말씀하셨다.

"너희가 둘째를 잘 돌봐줘라."

그 철없던 둘째가 이젠 철이 너무 많아서 걱정하고 있다. 내 몸속 간에서 혈액 속 철분을 필요 이상으로 흡수하는 현상이 발생한 것이다. 미국에서 확인된 치료법은 혈액의 정기적 배출이었고 한국도 같은 방법으로 치료하게 된다.

가까운 백병원을 출입하면서 이 병원은 우리에게 보물이라는 생각이 들었다. 병원 복도에서 내려다 본 우리 교회 건물 위에 적혀 있는 "나는 너를 치료하는 여호와다"라는 글귀를 볼 수 있으면 좋겠다. 새벽에 불 켜진 종탑을 보고 들어올 수 있다면, 그리고 여기서 살아갈 힘을 얻게 된다면 얼마나 좋을까. …

백병원 2

얼마 전부터 백병원 앞 의자가 내 전도 자리가 되었다. 방송이 없는 날 지하철 입구나 노점상 앞에도 서 봤지만 이곳 의자와 같은 전도 자리가 없고 내 성향상 앉아 이야기하는 게 효과적일 것 같았다. 그래서 선택한 곳이 백병원 의자였다.

햇살 비치는 의자에 앉아 있으면 이런저런 삶의 사연을 가진 분들이 내 옆 빈자리에 앉는다. 손*희 씨는 대장 3기 수술을 받은 아버지를 모시고 왔다. 무거운 짐을 양손에서 내려놓으며 이마에 맺힌 땀을 닦는다. 굵은 손마디 사이로 그녀의 주름진 피부가 살아온 세월을 보여 준다.

"병원에 오셨나 봐요?"

첫마디를 건네는 건 쉽지 않다. 미국 병원에서 인턴으로 병원 원목 훈련을 받으면서 귀에 박히도록 들은 말이 상대방을 분석하라는 말이었다.

"예, 아버지가 수술했는데 더 이상 약을 못 드시겠다고 해서 왔어요. 밥맛도 없고 아무것도 못 드셔요."

그렇게 시작된 대화 속에서 그녀가 성남에서 왔다는 것, 셋째 딸로 상계동 사는 부모님 두 분을 돌보고 있다는 것.

"혹시 교회 다니세요?"

"아니요. 한 번도 나가 본 적 없어요."

자신은 하루도 쉬는 날 없이 일하는데 힘들다고 말한다. 그래서 자연스럽게 복음으로 이어진다.

"내가 기도해 드려도 될까요?"

이름을 묻고 이름을 아뢰며 기도했다. 고맙다는 말을 남기고 무거운 짐을 두 손에 가득 들고 길을 간다. 처음 앉을 때보다 떠나는 발걸음이 가벼워 보였다.

이번에는 모자 눌러쓴 남자 한 분이 옆으로 왔다.

아침에 급하게 나온 듯한 30대 중반의 이 남자에게 무슨 말로 대화를 시작하나?

"안녕하세요?

저는 이 옆 대학 교회에서 나온 목사입니다.

화요일이면 전도 나오는데 잠깐 이야기를 해도 될까요?"

상대는 말이 없다. 주보와 물티슈를 주며 한 권 읽어 보세요. 다행히 거부하지 않고 받는다.

"병원 오셨나 봐요?"

"아니요. 누구를 기다립니다."

말문이 열렸다.

"혹시 예수님에 대해 들어 보셨나요?"

"내가 나이가 있는데 들어 봤지요."

말을 이었다.

"저는 병원에 입원했을 때 제 옆 환자가 죽는 걸 봤습니다.

그때 사람은 죽으면 어디로 가는지 죽음에 대해 의문이 생겼고 죽음의 결과가 '죄'라는 걸 알게 되었습니다. 하나님이 이런 죄인을 위해 자기 아들을 십자가에 죽였다는 복음도 알게 됐습니다."

여기까지 진행될 때 그가 말한다.

"저도 어려서부터 교회에 다녔는데 예수님에 대해 알고 있습니다."
그때 전화가 울렸고 가 봐야 한다며 급히 일어나 발걸음을 옮겼다.
그가 일어선 빈자리에 키가 유난히 큰 노인 한 분이 앉았다.
"아저씨 건강해 보이시는데 연세가 어떻게 되세요?"
"88세인데 보기는 이래도 여기저기 아픕니다."
그분은 상계 00교회에 다닌다고 말했다. 말을 이어가는데 중년 여인이 나를 보고 있다. 일반 교인이 신천지 신자 쳐다볼 때의 느낌이다.

노인은 길을 떠나고 또 다른 부부와 이야기를 시작했다. 불암산에서 온 부부인데 남편은 휠체어에 탔고 간호하는 분이 권사였다. 휠체어 의자 높이와 남편 머리가 일직선이다. 그분에게 내가 만난 전신마비 환자가 어떻게 중보기도하고 있었는가를 들려주었다. 남편보다 부인이 더 잘 듣는다.

전도가 이렇게 끝났다. 오후는 녹음을 위해 방송국에 가야 한다. 녹음이 왠지 잘 될 것 같은 느낌이다. 하나님이 기뻐하시는 일이 전도라 믿고 있다.

백병원 3

전도서 저자가 말했다.

> 옛날이 오늘보다 나은 것이 어찜이냐 하지 말라 이렇게 묻는 것이 지혜가 아니니라(전 7:10).

살다 보니 옛 시스템이 더 좋았고 그때는 지금보다 더 여유 있다고 말할 때가 있다.
"장로님, 제가 지금 어디가 불편해요."
이렇게 말하면 약국을 운영하는 장로님은 이렇게 대답하셨다.
"그럼, 가시다가 좀 들리세요."
오가는 길에 들리면 쉽게 약을 구했는데 지금은 그 약 사려고 처방전을 기다린다.
이런 운명적 만남은 분기별로 이루어진다. 약이 떨어질 3개월쯤 되면 만난다. 언젠가 한 번은 길에서 서로를 보며 나와 그분도 분명 익숙한데 어디서 봤는지를 모른다는 거다.
얼굴 보며 "안녕하시지요" 하고 인사했는데 서로 '어디서 봤지⋯' 하는 얼굴이다.
어느 교회에서 봤나?
우리 교인인가 하고 떠올렸지만 그는 아마도 병원을 생각했을 것이다. 헤아려보니 정기적으로 봐야 할 의사만 네 사람이다.

병원 복도는 시장 골목 같았다. 복도 벽에 기대고 스마트폰에 집중하는 백색 패딩의 아가씨가 눈에 띈다.

길게 이어진 의자 입구에 서서 자신은 들어가지 않고 다른 사람까지 못 들어가게 만든 노년의 할아버지까지 모습은 다양했다.

이때 문제의 아저씨가 내 옆으로 다가왔다. 그가 몰고 온 냄새는 시인 강은교 씨의 〈새벽 바다를 이고 온 행상 아주머니〉를 떠오르게 만들었다.

시인이 맡던 냄새는 바다에서 막 나온 해산물이겠지만 지금 냄새는 저녁노을 무렵 사람들에게 버려진 상처투성이의 바다 부산물 같았다. 저마다 얼굴을 돌린다.

뭐 하는 분?

생선가게?

갈치 행상 아저씨?

냄새와 함께 평생을 식당 주방 안에서 살던 집사님이 떠올랐다. 미국 의사에게 모국어가 아닌 언어로 자신의 병을 설명해야 하는 운명 때문에 통역으로 간 내게 그분도 비슷한 냄새를 안고 있었다. 옷 냄새가 아닌 피부 안쪽에서 배어 나오는 냄새. 김치와 된장, 고기 타는 냄새가 적절한 양으로 스며와 내게는 향기지만 그들에게는 이상한 냄새였을 ….

그러고 보면 난 아직 미국을 잊지 못하나 보다.

독백

나는 나를 사랑한다. 다른 사람을 부러워하거나 내가 아닌 다른 사람이 되고 싶지 않다. 그대로의 내가 좋다. 학교 카페의 좋아하는 그 자리에 앉아, 선과 선 사이에 조각난 채 걸린 하늘을 바라본다.

엄마가 빨랫줄에 걸었던 어린 동생 기저귀와 같은 잿빛이다. 저 하늘이 바다 건너서 본, 마치 만지면 푸른 물감이 손에 묻을 것처럼 시리도록 깊은 푸른 색감이 아니어서 서운한 건 사실이었다.

그러나 이 하늘도 내 하늘이다. 동생 광목 기저귀에 박혀 있던 검은색 점처럼 수많은 미세 점들이 모여 이룬 하늘이지만 그게 내 하늘이라고 받아들이며 산다.

내 인생을 숙제하듯 살고 싶지 않다. 노력해도 안 되는 건 할 수 없다. 바꿀 수 없는 건 받아들일 줄 안다. 그게 내 여유다. 요즘 그 여유의 상실과 싸우고 있다.

옛날 신당동 집으로 들어가는 긴 골목 끝자락에 모래를 쌓아 둔 집이 있었다. 모래 위에서 그 집 딸과 놀았다. 모르로 밥을 짓고… 플라스틱 밥상 위에 가짜 수저를 얹으며 아이가 말했다.

"정권아, 너는 나중에 나한테 시집와야 해!"

시집인지 장가인지 정의가 중요하지 않다. 그 의미를 서로 알았는지도 별로 중요하지 않다. 중요한 건 내 기억이다. 아이가 이사 가던 날, 용달차 유리창 너머로 손을 흔들던 날, 골목은 텅 비어 보였다.

그때는 어려서 빈 공간의 의미를 모르고 지나갔다. 누군가는 자기 인생의 모든 것을 유치원에서 배웠다고 했다. 나이테가 더해지고 깨달아지는 건 인생의 배움터가 부모라는 것이다.

　삶의 무게를 짊어진 엄마가 밥상 치우며 하신 말씀은 입이 써서 음식 맛을 모르겠다는 말씀이었다. 철없던 아들은 그게 무슨 말인지 몰랐다. 입속으로 들어오는 모든 게 맛있던 시절에 의미를 알았다면 그게 오히려 비정상일 것이다.

　아들 눈에 이해할 수 없는 건 그런 날이면 엄마는 커다란 양푼에 미역줄기를 담아 김장김치 찢어 드시듯 혼자 드셨다. 아니면 바가지에 매운 고추장과 밥을 쓱쓱 비벼 드셨다. 쓴맛이 난다는 날에 엄마 수저는 그렇게 바쁘게 돌아갔다.

　엄마의 쓴맛과 용달차가 남긴 텅 빈 공간처럼 빈 마음이 채워지지 않는 걸 보고 덜 행복해지는 나를 본다. 난 엄마가 보여 준 대로 많이 먹을 것이다. 시집오라고 한 아이가 떠난 그 공간이 채워질 때까지 사랑할 것이다.

　나는 사랑할 거다. 나를 … 그리고 너를 … 그분이 우리를 사랑한 것처럼 ….

서울대 병원

　서울대학교병원 로비에 서 있었다. 병든 사람과 그 병든 가족을 데리고 온 건강한 이들이 서로 교차하는 로비는 걷는 게 아니라 밀려가는 것 같다.
　당시는 쌍둥이 출산을 앞둔 부부를 심방하고 돌아가는 길이었다. 회복 중이지만 불편한 다리 때문인지 다리를 절고 다니는 분들도 눈에 많이 띄었다.
　암 투병을 시작한 목사 한 분이 그동안 자신이 했던 암 환자 심방을 회개했다고 한다. 이렇게 아프고 외로운데 내가 너무 건성으로 심방했다고… 자신의 잘못을 회개한다는 말의 의미를 알 것 같았다. 한 걸음 떼는 것이 얼마나 힘든가를 ….
　화장실 앞에서 그 아이를 봤다. 어릴 때 자고 나면 보이던 돌산이 하나 있었다. 돌산 위에 죽지 못해 살아가는 듯한 잡목 사이로 돌이 유난히 하얗다고 느꼈는데 그 돌산을 아이의 머리에서 봤다. 아이의 작은 얼굴은 다 덮고도 남을 마스크로 가려져 있다. 남은 머리카락이 아이가 겪는 아픔의 크기를 말한다.
　원래 목회자의 가슴이란 가슴 앓이를 위해 존재하고 은혜 없이 견딜 수 없는 누적된 기억의 장소다. 그 사이를 헤집고 되살아난 기억이 백혈병으로 죽은 아이의 얼굴이다.
　그도 이 아이처럼 유난히 큰 마스크를 쓰고 있었다. 보이지 않는 바이러스와의 싸움을 위해 비닐 안에 앉아 거친 숨을 몰아쉬던 그 아이. 죽기 전 엄마에게 해 준 말은 이랬다.

"엄마, 난 천국으로 가니 너무 슬퍼 말아!"

엄마는 절규했다. 아이가 그 엄마의 어깨를 감싸 안았다. 어른과 아이가 바뀐 그 현장의 기억이 무덤에서 일어난 좀비처럼 흐물거리며 올라왔다. 장례 치르던 그날, 하늘은 유난히 맑고 깨끗했다. 나는 많이 울었다.

아이의 등 뒤로 남자 한 분이 따라가고 있다. 아들은 돌아보고 아버지가 뭐라고 말한다. 아버지 마음은 저 병을 대신 짊어지는 것. 아이는 그 마스크를 벗어 던지고 싶을 것이다.

병원 가면 남아 있던 욕심도 사라지고 저절로 감사가 된다. 질병 없는 나라가 와야 한다. 죽음이 힘을 상실한 시대가 되면 좋겠다. 다리 저는 이도, 아픈 이도, 죽은 자도 없는 그 세상이 기다려진다.

안과 수술

"이쪽에 와서 누우세요."

간호사의 안내로 수술 의자에 누우며 생각이 난 것은 치과 진료소였다. 반 고흐 특별전 내내 세잔의 그림이 생각나는 것과 같은 원리일 것이다. 둘의 그림에 공통점이 많듯, 치과와 안과도 유사한 점이 있다.

첫째, 의자가 비슷하다.

치과 의자에 누울 때 느꼈던 등의 감각이 안과 수술대에서도 느껴졌다. 각종 약물에 젖은 오른쪽 눈이 그대로 감겨지는 편안함도 있다. 그냥 두었다면 한숨 자고 일어났을 것이다.

둘째, 드릴 소리다.

치과용은 좀 둔탁한 편인데 대리석 바닥이나 건설 현장에서 돌 표면을 문지를 때의 묵직한 소리라면 안과용은 섬세하고 아주 세미한 소리다. 계속 듣고 있으면 아마 뇌가 잘라지는 환상이 느껴졌을 것이다. 히브리서 저자가 말한, 심령과 골수를 쪼개고도 남을 날카로운 날을 가진 칼이 지나는 소리였다.

셋째, 의사의 손이다.

의사의 손이 떨리면 안 된다는 말을 안과 의자에서도 경험했다. 능숙한 손으로 뭔가 날카로운 칼날이 눈 위로 스치는 것이 감지됐다. 짜내는 느낌과 함께 눈 저쪽에서 봉지 속 주스가 빠져나가는 미세한 느낌.

"목사님, 백내장입니다. 아주 심한 … 어떻게 이렇게 되도록 그냥 두셨어요?"

질책과 함께 시작된 수술은 잘 마쳤다. 원장 선생님의 기도가 끝나고 기계에 의해 오른쪽 눈이 열렸다.

어릴 때 물속에서 본 빛의 굴절처럼 다양한 빛이 보였다. 차이점은 물속 빛이 비교적 밝은 배경에서 본 빛이라면 수술 중에는 깊고 어두운 바탕 속에서 발했다. 씨 뿌린 듯 흩어진 빛들이 눈에 들어온다.

화담숲 작은 폭포 위에 떨어진 물들은 빛에 휩싸인 채 은색 물방울로 변하더니 고인 바닥의 짙은 어둠 속을 향해 장렬하게 흩뿌려지고 있었다. 칼날 돌아갈 때마다 하나의 원이 두 개, 세 개로 바뀐다. 미국 독립기념일 날 터뜨려진 불꽃놀이처럼 내 눈앞을 지나간다.

임종을 경험했다는 사람들 수기가 생각났다. 공통점은 빛을 봤다는 것이었다. 깊은 어둠을 가로질러 자신에게 다가온 빛을 봤고 빛을 따라갔더니 넓은 초원이 나왔다. 상상할 수 없는 새로운 세계가 눈앞에 펼쳐졌다는 … 임종까지 가 보지는 않았지만 그들의 말에 동의할 것 같았다.

수술 내내 생각났던 말씀은 "한눈을 가지고 하나님의 나라에 들어가는 것이 두 눈을 가지고 지옥에 던져지는 것보다 나으니라"(막 9:47)라는 두려운 말씀이었다.

안과 수술은 말처럼 쉽지 않았다. 붕대를 푼 눈이 부어서 잘 보이지 않지만 점차 나아지고 있다. 밝은 눈으로 살펴보고 걸을 것이다.

기도해 주셔서 감사합니다.

내시경과 바다

얼마 전 국가가 나에게 '건강검진의 해'라며 문자를 보내왔다. 건강검진을 받지 않으면 벌금을 내게 될 거라는 친절한 암시와 함께 …. 금식하고 찾아간 클리닉에서 순서를 기다렸다. 검사복 입고 의자에 걸터앉아 있는 내게 간호사가 기계를 설명했다.

우선 호칭이 편하지 않았다.

"아버님!"

문득 미국에 있던 친구 목회자가 서울 백화점에 들렀다가 그 말을 듣고 내가 왜 댁의 아버님이냐고 물었다는 말이 생각났다. 나도 그분의 아버님이 되어야 하는 상황이 낯설다.

사람 나이는 소리 없이 내리는 하얀 눈과 같다. 미국에 있는 집 선룸에 앉아 잔디 위로 내리는 눈을 바라보면서 어떻게 소리 없이 쌓여질까 했었는데 나이는 소리가 없는 것 같았다.

설명이 계속된다.

"아버님, 저희는 입으로 내시경을 하지 않습니다."

내 눈을 그 옆에 나란히 걸려 있는 세 개의 줄을 보도록 만든다.

"이쪽은 지금까지 입을 통해 하던 내시경, 이 세 개는 이번에 구입한 코로 하는 내시경입니다. 혹시 소식 듣고 저희 병원에 오셨나요?"

"아닌데요. 전혀 들은 일 없습니다."

설명하는 간호사의 마스크 위에 있는 눈에 기계에 대한 긍지가 보여 속으로만 말했다. 긴 설명이 끝나고 의사가 들어와 다시 기계를 설명한다. 이런 과정을 통해 내 왼쪽 코에 카메라가 삽입되고, 화면에서 내 속이 보이기 시작했다.

그동안 사진으로 속을 봤는데 동영상 화면으로 보기는 이번이 처음이다. 의사 선생님의 목소리와 함께 뱃속 기계가 움직인다.

"아버님, 식도입니다. 여기는 위장입니다."

순간 위장 속에서 동해 바다 바위틈에 들어왔다가 나간 물결 흔적을 봤다. 모래 위로 바닷물이 밀려 왔다가 나간 거품처럼 바위에 부딪혀 산산조각 난 파도가 남긴 흔적과 비슷했다. 옅은 살과 살 사이에 끈적한 거품도 보인다.

의사 설명은 들리지 않고 바다가 보고 싶었다. 뱃속 살결보다 조금 더 흰모래 위에 바다가 남긴 소금기 물결이 보고 싶다.

'아! 겨울 가기 전, 여수를 한 번 가 봐야겠다'는 생각이 든다.

유난히 맑아 보였던 그 바다가 겨울에는 어떻게 보일까?

뚝배기 안에 담긴 문어와 조개, 새우가 무와 함께 어울려 만든 진한 국물도 먹고 싶어졌다. 미국 병원에서 내시경 검사를 하고 마취에서 깨었을 때는 진한 커피가 먹고 싶었던 기억이 있다. 두 눈 뜨고 내 안의 모든 걸 화면으로 보던 날은 바다가 그리웠고 해물이 먹고 싶어졌다.

아! 천국에 바다가 없다는 말이(계 21:1) 무슨 말인지 하나님께 묻고 싶은 저녁이 됐다. 바다보다 더 좋은 게 있을 것이다. 내시경이 필요가 없는 부활의 몸이 있는 것처럼 ….

하늘 1

"목사님도 한 번 검사해 보시죠."

그래서 시작된 정기검진에서 오른쪽 턱 아래 크지 않은 림프종 하나가 발견되었다. 초기에 발견한 의사와 전문의 간 견해 차이를 확인하기 위해 삼성병원 초음파실에서 세포 검사를 했다.

검사복으로 갈아입은 내게 여자분이 친절한 눈빛으로 설명을 한다. 의사 여부는 알 수 없지만 설명만은 명의 수준이다.

"일단 턱 아래 구멍을 내고 바늘이 세 번 들어갈 겁니다."

주삿바늘과 오랜 인연으로 이미 몸은 자신의 몸체에 바늘을 품는다는 의미를 잘 알고 있다. '쑥'이라는 단어가 적합할 것이다. 쑥 하고 피부 아래로 바늘이 밀고 들어오면 호수 위에 던져진 물결 파장처럼 통증이 온몸에 전달되는 과정을 ….

문제는 바늘이 들어간 다음이었다. 초기 두 번은 시간이 걸리지 않았는데 마지막 바늘은 오래 머물며 눈 감고 목을 뒤로하고 있는 나에게 아픔을 전달하고 있다.

옛날 부엌에서 돼지고기를 썰고 있는 엄마에게 물었었다.

"엄마, 나도 한 번 썰어 볼래."

그렇게 오른손에 부엌칼을 들고 도마 위 돼지고기를 썰어 봤다. 고기는 씹는 맛도 있지만 써는 맛이 있다는 걸 그때 알았다. 수많은 칼질에 길들여진 도마 위로 두꺼운 비계가 덮은 고기 한 덩어리와 그 옆에 정육점부터 지켜 온 신문 조각이 떨어져 나가 있었다.

미끈미끈한 기름기 섞인 고기에 칼을 대고 비벼 썰면 한쪽으로 찌그러진 고기에서 느끼는 칼날의 반동이 있다.

지금 목 안에 그런 일들이 벌어지고 있다.

내 살을 찢어 내는 그 여인이 고기 써는 맛을 느낄까?

물론 본인의 살이 아니니까 감정은 들어 있지 않을 것이다. 설명서에는 인구 조사 후에 하나님이 선지자 갓을 통해 다윗에게 세 가지를 제시한 것처럼 검사 결과에도 세 가지 현상이 적혀 있었다.

다윗은 세 가지 중에서 사람의 손에 빠지지 않는 걸 원하며 전염병을 선택했는데, 내게는 선택 권한이 없다. 암에서 종양까지 그냥 주어지는 것이지 선택이 아니다.

검사 후 불편한 목을 들어 쳐다본 하늘이 그렇게 아름다웠다. 하나님의 창조 중에 사람 빼고 제일 아름다운 건 하늘이다. 하늘은 언제나 예쁘다. 흐리면 흐린 대로 예쁘고 밝으면 밝아서 아름답다.

흐린 하늘은 물감을 머금은 수채화 같고, 밝은 하늘은 천천히 자리 잡아 가는 유화 같아서 좋다. 그 하늘을 다시 보고 그 하늘 너머를 볼 수 있다는 게 얼마나 행복한가.

하늘 하나

언제 봐도 좋은 건
하늘입니다.
흐리면 흐린 대로
어두우면 어두운 대로
비가 오면 오는 대로
햇살이 있으면 있는 대로
하늘은 언제나 좋습니다.

하늘 둘

하늘 2

검사 결과를 기다리기 위해 이비인후과 진료실 9번 방 앞에서 주어진 차례를 기다렸다. 문이 열릴 때마다 아주 익숙해 보이는 간호사의 얼굴들이 번갈아 가며 나타났다. 이름이 불린 자들은 열린 문으로 들어갔다.

그때 복도 한쪽에서 족히 70대는 되어 보이는 한 남자분이 간호사와 대화를 하고 있다. 대화에서 들리는 말은 오직 간호사의 목소리뿐이었다. 대신 손에 들린 노트에 자신의 의견을 적어 주면 간호사는 그것을 다시 읽고 답을 들려주고 있다.

내용은 그분이 찾아온 의사가 휴무인데 뭔가 착각을 하고 오신 것이다. 대화를 들으면서 이런 상상이 들었다. 혼자 생활하는 그분이 전화로 자신의 의견을 표현할 수 없었다. 카톡이나 SNS에 능숙하지 못한 상태에서 의사의 부재를 확인할 길이 없어 직접 온 건 아닌지….

그래서 마스크 위의 눈빛은 당황함이 없어 보였다. 목소리 잃어버린 사람을 말로는 들었는데 처음 그 현장을 보게 되었다.

아 … 이게 이비인후과구나!

내 이름이 불러진 후 문으로 들어가 듣게 된 소식은 이것이었다. 턱 오른쪽 침샘 근처에 약 1.2센티미터의 작은 덩어리가 있는데, 사실 그게 커지지 않고 단단한 상태로 굳어 있다고 말했다. 다행인 건 그 덩어리가 암이거나 악성 종양이 아니라는 것이다. 치료 대상이 아닌 점에서 깨끗한 상태이며 걱정하지 않아도 된다는 의사의 말을 들었다. 내게는 복음이다.

병원 오는 날 새벽에, 하나님은 '창세기 43장', 요셉의 초대를 받은 형들의 불안을 보여 주셨다. 형들이 서로 의논하면서 "이는 우리를 억류하고 달려들어 우리를 잡아 노예로 삼고 우리의 나귀를 빼앗으려 함이라"며 두려워할 때 청지기가 이렇게 말했다.

"안심하라 두려워말라. 너희 하나님, 너희 아버지의 하나님이 …."

미국 대사관에 비자 인터뷰 가던 날, 수속을 대행해 주던 여행사 직원이 말했었다.

"목사님은 어려우실 겁니다. 중학생 자녀가 둘이라 …."

그날 아침 이사야 55장 12-13절이 묵상 구절이었다.

> 너희는 기쁨으로 나아가며 평안하게 인도함으로 받을 것이요. 산과 언덕들이 너희 앞에서 노래를 발하고 들의 모든 나무가 손뼉을 칠 것이며 잣나무는 가시나무를 대신하여 나며 화석류는 찔레를 대신하여 날 것이라 이것이 여호와의 기념이 되며 영영한 표징이 되어 끊어지지 아니하리라(사 55:12-13).

미국에서 보낸 20년 동안, 신실하신 하나님이 그 말씀대로 이끌어 주셨다. 그때 받은 이사야 55장의 말씀과 창세기 43장의 말씀이 겹치며 새벽에 한 번 은혜의 강가에서 물을 마시게 되었다.

첫 번째 담임 나갔던 90년대 초반, 목회자 건강이 개인 차원을 넘어 교회 이슈가 되는 걸 지켜봤다. 그때 정한 규칙 하나는 있는 대로 말하기다. 극적 요소를 가미해 더하거나 빼지 않고 있는 대로 알리기로 다짐했다. 내가 건강한 신체는 아니지만 지금까지 하나님의 은혜로 사역을 감당해 왔다. 돌아보면 그때나 지금이 다 은혜이다.

여섯

문밖

그림은
사랑입니다.

그리는
이유는
그리고 싶어지기
때문입니다.

여섯. 문밖

강릉

도망가자

긴 세월 병으로 고생하던 장 권사님께서 소천하셔서 장례를 치렀다. 장례 마치고 오늘부터 시작된 가을 학기, 설교학 강의를 끝내고 늦은 밤 차를 타고 들어가면서 불현듯 이런 생각이 들었다.

'언제까지 이렇게 할 수 있을까?'

목회도 하고 대학원 강의도 하고 방송도 한다. 책도 내고 다른 분들이 해 보고 싶은 걸 다 하면서 무슨 배부른 소리냐 하는 스스로의 책망도 해 보지만 몸이 느끼는 피곤함은 떨쳐 버릴 수가 없다.

그런 내 마음 상태를 잘 드러내는 건 맥체인의 성경 읽기 시편 55편 6-7절이다.

> 나의 말이 내가 비둘기같이 날개가 있으면 날아가서 편히 쉬리로다. 내가 멀리 날아가 편히 쉬리로다.

선우정아의 시 〈도망가자〉가 생각났다.

> 도망가자
> 어디든 가야 할 것만 같아
> 넌 금방이라도 울 것 같아
> 괜찮아

우리 가자
걱정은 잠시 내려놓고
대신 가볍게 짐을 챙기자
실컷 웃고 다시 돌아오자
거기서는 우리 아무 생각 말자

너랑 있을게 이렇게
손 내밀면 내가 잡을게
있을까, 두려울 게
어디를 간다 해도
우린 서로를 꼭 붙잡고 있으니

도피가 답이 아니라는 걸 안다. 여행은 쉼을 주고 새로움도 주지만 한편으로 피곤함도 오는 법이다. 어디든지 완전함은 없다.

다윗은 참 피곤한 삶을 살았다. 막내아들로 양을 치면서 겪은 갈등에서 사울의 박해를 피해 도망자로 보낸 세월과 왕이 돼서 겪어야 하는 삶의 많은 굴곡을 지났다.

어떻게 견뎌 냈을까?

그는 시편 55편 16-17절에 이렇게 말했다.

나는 하나님께 부르짖으리니 여호와께서 나를 구원하시리로다 저녁과 아침과 정오에 내가 근심하여 탄식하리니 여호와께서 내 소리를 들으시리로다.

저녁, 아침, 정오. 이 말은 하루 종일 근심했다는 말이다. 그런 그가 이렇게 말했다.

> 네 짐을 여호와께 맡겨버리라 너를 붙드시고 의인의 요동함을 영영히 허락지 아니 하시리로다.

"수고하고 무거운 짐 진 자들아 내게로 오라."
그 초대는 삶의 지친 우리에게 복음이 아닐 수 없다. 설교단에 설 때마다 교우들이 어떤 삶의 과정을 겪고 이 자리에 왔는지 알 것 같다. 왜냐하면 나도 저분들과 같은 과정을 겪어 왔기 때문이다.
조금만 더 가 보자. 조금만 더 기도해 보자. 지친 나에게서 눈을 들어 하나님을 바라보자. 조금만 눈을 들어서 ….

로마서 2장

글을 쓰는 일

　글 쓰는 일은 늘 어렵다. 하긴 세상에 쉬운 일이 어디 있겠냐마는 그래도 글은 쓰는 일은 어렵다. 빈 집에 세간 들여놓듯이 어디서 목양실에 맞는 글을 판다면 가구 사듯이 어디선가에서 배달 받고 싶은 때도 있다.
　설교만큼 부담스러운 작업이 목양실의 글이다. 그래도 신기한 건 매주 써진다는 점이다. 글을 쓰는 방식은 일단 시작한다는 것이다. 무슨 주제나 특별한 생각이 있어서 글을 시작하지 않지만 일단 컴퓨터를 열고 쓰기 시작한다.
　스티븐 킹도 처음부터 어떤 문제의식이나 주제의식을 가지고 글쓰기를 출발하는 것은 형편없는 소설의 지름길이라고 했다. 그는 좋은 소설의 출발은 스토리에서 출발해서 주제로 나가야 한다고 했다. 그 말이 언제나 위로가 된다.
　엄마도 늘 고민했다.
　오늘은 뭘 먹나?
　빈곤한 살림에 아들 다섯을 먹여야 하는 엄마의 입장과 시원치 않은 반찬을 먹어야 하는 아들들의 입장이 부딪힐 때도 있었다. 그래서 나온 게 비빔밥이다. 방학에 제일 많이 먹은 건 비빔밥이었다.
　큰 양푼에 엄마는 찬장에 남은 반찬을 다 꺼내 찬밥을 고추장에 비벼서 마루에 내놓으시면 아들들은 먹이를 발견한 마당의 닭들처럼 달려들어서 먹었다. 내가 보기에 가지 무친 것과 오이 무친 건 서로 맞지 않는데 엄마의 비빔밥에는 그런 한계가 없다.

어제 먹은 콩나물이 지난주에 남은 돼지고기와 함께 수저에 걸쳐 나오는 엄마의 비빔밥에는 그 모든 게 다 자연스러웠다. 그 비빔밥을 먹고 큰 나도 경계가 없다.

 그래서 뭘 써야겠다고 생각하지 않고 일단 시작한다. 마음의 생각이 글로 쓰일 때도 있지만 거꾸로 글을 쓰다 보면 글이 마음으로 들어갈 때도 있다. 서로 상호작용을 한다.

 시작하는 게 두려울 때가 있다. 하지만 글쓰기는 언제나 내게 방향키를 보여 준다. 시작하면 뭔가 결과가 나온다는 것을 …그래서 이렇게 말하고 싶다. 일단 시작하시라고.

바다

 타고난 머리보다 더 큰 모자를 쓰고 다니는 중학생이 된 내 눈이 본 첫 바다는 서해였다. 아이들은 금방 큰다는 신념에 따라 항상 자식의 치수보다 더 큰 옷을 사 주는 엄마의 손에 이끌려서 본 바다는 질퍽한 갯벌 너머 갯벌의 색을 한 진한 회색 바다다.
 고만 고만한 아들 다섯을 데리고 살아가야 하는 엄마의 힘든 마음처럼 그 바다로 나가는 길은 참 질퍽했다. 아쉬운 점은 그때가 봄, 여름인지 가을, 겨울인지 계절을 기억하지 못한다는 것이다. 기억나는 건 질퍽한 갯벌과 그 너머 바다가 온통 진한 회색빛 뿐이었다는 것이다. 그렇게 10대에 본 첫 바다의 감정은 어설펐고 그냥 그랬다.
 긴 해안선 따라 흰색 모래를 품은 뉴저지 바다는 여름보다 겨울이 좋았다. 바다 위로 눈이 하염없이 내리면 해안 따라 난 모진 바람을 견뎌 낸 풀들이 눈 속에 하나씩 사라지는 걸 보게 된다.
 잘 견디고 버티다가 밀려오는 파도처럼 태어난 땅이 그리워질 때면 뉴저지 바닷가로 가는 나를 본다.
 사실 바다 건너편에 있는 땅이 유럽임에도 불구하고 그 바다가 40대와 50대를 지나는 나에게 큰 위로가 되어 주었다.
 내 기억에 바다를 많이 그린 화가는 모네(Monet)였다. 그는 그동안 바다의 색과 하늘색을 표현해 온 자신의 기법에 한계를 느끼고 있었다. 화가로서의 불안한 명성, 다가올 삶의 두려움과 함께 경제적 필요성까지 한꺼번에 밀려온 40대의 그는, 바다를 통해 색을 이해하기 시작했다고 고백했다.

장엄한 바다와 그 위에 비추는 햇살, 자연색을 느끼고 그 감정을 자신의 그림에 담아내기 시작했다. 그는 마침내 자신이 정원의 정신세계에 입문하게 됐다고 선언한다.

  60대가 된 나는 몸을 이동용 간이의자에 기대고 푸른 동쪽 바다를 바라보고 있다. 10대에 본 서해 바다와 태평양 건너 땅에서 바라본 50대 대서양 바다보다 지금 보고 있는 이 바다가 더 좋다. 다시 돌아가고 싶은 생각도 없이 지금의 바다를 보는 행복이 더 깊었다.

  늦은 오후, 부는 바람에 찰랑대는 바다 물결 속에서 바위섬이 햇살을 받는 부분과 파도가 부딪히는 부분의 질감이 다르게 느껴진다. 그림은 사랑이다. 그리는 이유는 그리고 싶어지기 때문이다.

  10대에 잠자던 사랑이 저 바다의 햇살처럼 육십의 마음에 찰랑거린다.

이순신과 장범준

40일 새벽기도를 마치고 종일 운전해 도착한 곳이 여수다. 물 맑고 아름답다 해서 지어진 여수 바다는 유인도 51개와 무인도 269개 등 317개 섬으로 구성됐다. 한국에 살면서 여수에 가 본 기억이 없다. 가 봤지만 기억이 안 날 확률보다는 안 가 봤을 확률이 더 높다.

"목사님, 제 고향인데 너무 좋아요. 꼭 가 보세요."

이민 교회를 떠날 때, 목사가 떠나서 서운할 텐데 얼마나 좋으면 이런 말을 할까?

귀국하면 가 볼 장소로 추천받았다. 그런데 여수라는 글자를 머리에 각인시킨 두 사람은 이순신과 장범준이다. 사는 게 몸에 익혀질 무렵쯤 김훈의 소설, 『칼의 노래』가 가 본 일 없는 여수를 그립게 했다. 그리고 그리움에 불을 지른 건 장범준이 부른 〈여수 밤바다〉다.

여수 밤바다 ~ 이 조명에 담긴 ~ 아름다운 얘기가 있어 ~

네게 들려주고파 전화를 걸어 ~ 뭐하고 있냐고 ~

나는 지금 여수 밤바다 ~ 여수 밤바다

아아아아 ~ 아아아 너 ~ 와 함께 걷고 싶어 ~~"

한밤중 위에서 내려다 본 여수는 가사 그대로 조명에 잠겨 있었다. 철 지난 바다 빈 공간을 메우는 건 화려한 조명. 민낯을 감춘 진한 화장 같은…. 이 조명들도 아침 햇살이 들면 초라함을 드러낼 것이다.

햇살이 드러난 바다 위로 이순신의 배들도 다녔겠지. 이순신이 전라좌수사로 임명된 1591년에 약 60척의 배가 그에게 있었다고 한다. 1592년 임진왜란이 시작되고 그 해 오월 이순신의 배가 첫 전투를 위해 이 조명이 흐르는 물길을 지났을 것이다.

그의 배들이 지난 물 위로 지금은 호텔 불빛이 흐른다. 카페에서 장범준의 노래가 흘러나온다. 이순신의 거북선이 아닌 장범준의 밤바다 때문에 몰린 관광객 속에 섞여 하룻밤을 보냈다.

하루를 운전하고 하루 쉬고 다시 운전해 올라온 상계동이 반갑다. 누구 하나 상계동 이름으로 불러 준 노래도 가수도 없다. 나라를 구한 이순신의 거북선이 없어도 상계동이 좋다. 여수 음식보다 상계동 음식이 더 입에 맞다.

어디 가서 맛집 이야기는 못할 것 같다. 어느 순간 상계동이 내 맛집이 되고 있다. 이렇게 가다가 학교 학식도 내 맛집이 될 것 같다. 여수 밤바다 조명보다 은행동 사거리 조명이 더 화려하다. 조명이 비친 바닷물보다 당현천에 비친 아파트 불빛이 더 정겹다.

이젠 상계동 사람이 되나 보다. 참, 상계동은 한천(중랑천) 윗쪽에 자리 잡았다 해서 붙여진 이름이다. 중계는 그 중간이고 하계는 하류 쪽에 자리 잡아서 불렸다.

얼마나 단순하고 깊이 있는 이름인가. 이 복잡한 세상에 ….

청양 버스터미널

　청양 시외버스터미널 의자에 앉아 있었다. 평생 식물과 살아온 장로님 초청으로 방문한 청양은 어색하고 낯설게 다가왔다. 등받이가 없어 등을 기댈 수 없는 의자가 불편해서 자주 일어서야 했다.
　은빛 좌석은 3개씩 짝을 이루었는데 사람은 아무도 없고 그냥 덩그러니 놓여만 있다.
　아무도 없는 낯선 곳에 있다 보니 '내가 제대로 찾아 왔나' 하고 출발할 장소를 다시 확인하게 된다.
　이런 확인은 미국 공항에서 얻었다. 소위 '허브'라 불리는 미국의 대형 공항은 항상 복잡하고 출구도 자주 바뀐다. 티켓에 적힌 출구가 갑자기 바뀌는데 문제는 그걸 공항 방송으로 공지한다는 것이다.
　시스템이 익숙하지 않은 상태에서 낯선 허브공항에 떨어지면 다음 비행기까지 거의 전쟁을 해야 하는 경우가 발생한다. 도시 집회가 아닌 작은 소도시 집회의 경우 함께 가는 승객도 적다. 그래서 항시 변하는 모니터를 잘 봐야 하고 출구에 가서도 확인하고 또 확인하게 된다.
　지금도 잊혀지지 않는 비행은 '리노'(Reno)로 가는 겨울 비행이다. 거듭 연착되던 비행기가 결국 중간 기착지에서 다음 비행기를 놓치게 했다. 한밤중 낯선 공항에 떨어져 숙소 예약부터 이동까지 거의 전쟁을 치르다시피 했다. 영어, 그놈은 이런 전쟁에 참여하는 용사를 힘들게 하는 변하지 않는 요소다.

"목사님, 이 차 놓치면 다음 차 없으니까 …. 고속터미널에서 7호선 한 번만 타면 돼요."

아내는 나를 잘 안다. 언젠가 귀국 때 학교 채플 순서를 맡고 전철을 탔는데 반대편으로 향하고 있었다. 아, 그때 아찔함이란 ….

아내는 그 사건을 떠올린 것 같다. 아내는 언니들과의 만남을 위해 동해 바다로 가면서 남편을 내륙 한가운데 내려놓고 가는 것처럼 불안함을 감추지 못해 연거푸 확인 중이다.

'이 남자는 내가 있어야 하는데' 하는 짙은 모성애가 느껴졌다.

"여보 내가 어린아이도 아닌데 걱정 말아요."

그렇게 보내고 앉아 있는 터미널이 낯설다.

"잘 가겠지?"

내 나라에서 내 나라말로 물어보고 듣는데 불안감이 왜 존재할까?

혹시 하는 마음에 밖에 나가서 기다렸다. 여러 버스가 들어오는데 유리창에 쓰인 목적지를 확인한다. 나중에 보니까 타야 할 버스는 뒤쪽에서 출발 시간을 기다리고 있었다.

뉴욕에서 필라델피아로 향하는 번개(Bolt) 버스가 생각났다. 그때도 지금처럼 목적지를 확인하고 있었는데 ….

차창으로 보이는 주변 풍경은 변했지만 달리는 속도와 아파트 단지의 불빛은 서로가 서로에게 익숙한 듯 보였다. 오히려 아파트 없는 공간의 어둠이 낯설어 보인다. 많이 변했구나. 강남 터미널도, 지하상가도, 신도시 광고판까지. 지하철 좌석의 사람들도 수시로 뒤바뀐다.

이런 변화에도 당신의 자녀를 구름과 불 기둥으로 인도하신 그분은 변하지 않으신다. 그날 무사히 도착할 수 있었다.

걸어야 보이는 것들

평생 못 들어 본 말이 있다.
"목사님, 혹시 음악 하셨어요?"
"목사님, 전에 운동하셨어요?"
이 말들은 들어 본 적 없고 앞으로도 들어볼 수 없을 것이다. 정말 가뭄에 콩 나듯 "혹시 목사님 전공이 미술입니까"라는 말은 들었다.

내 목소리나 음정을 듣고는 음악 했냐고 물어볼 수 없을 것이다. 누가 봐도 운동과 관계없어 보이는 팔다리와 몸매의 내가 걷겠다고 마음먹은 건 순전히 생명 때문이다.

귀국해서 '몸을 이대로 두면 안 되겠구나' 결심하고 걸은 길이 당현천, 중랑천이다. 당현천을 벗어나 중랑천 위쪽 한강 쪽으로 길을 튼다. 주로 밤에 걸어서 의정부 방향으로 밀려오는 차들의 불빛 세례를 맞으며 걷는다.

이렇게 많은 차량에서 나오는 화학물질을 마시며 걷는 게 진짜 도움이 될까 하는 생각도 잠시일 뿐, 그냥 앞으로 걷게 된다. 걸으면서 느끼는 것과 보이는 게 있다. 타고 가면 보이지 않는 것들이 걸으면 보인다. 햇살 아래서 보는 세상과 달빛 아래 코이는 세상이 같지만 다르다는 것을 ….

낮에 본 물과 밤에 보는 물이 다르고 멀리서 코던 숲과 가까이서 본 숲도 다르다. 밤의 물은 먹물을 풀어놓은 것처럼 유난히 몸을 흔들어 댄다. 흔들리는 몸 위로 아파트 불빛이 흔들리고, 흔들려선 안 되는 시멘트 더미들이 흔들거려도 그게 위험해 보이지 않는 게 밤인 것 같다.

앞에서 걷는 사람들 사연이 보인다. 낮에는 사람이 주인인데 밤에는 강아지가 주인이다. 강아지가 서면 같이 서고 강아지가 가면 같이 간다. 주인이 종을 섬기는 하나님의 나라가 된 것처럼 ….

걷기 위해 들어온 것 같지 않은 연인들 몸은 걷는 데엔 아무 관심이 없다. 둘은 걸으면서 하나로 포개져 가는 데만 관심 있어 보인다.

허공을 향해 두 팔을 연신 올리며 걷는 아줌마의 몸짓은 어떻게 해서든지 살아야겠다는 강력한 삶의 투지가 드러난다.

지팡이에 의지하고 한 발 한 발씩 떼는 노인의 걸음에서는 그래도 이렇게 걸을 수 있는 게 어디냐는 안도감이 배어 있다.

걸으며 생각나는 일들을 바람에 날려 보내고 그래도 남는 생각은 땀으로 내보낸다. 머리에서 흐르는 땀이 어깨 위에 흐르는 땀과 만나고 옷을 적시면 그 사이로 바람이 들어온다.

반바지 아래 종아리에서 열을 내고 발바닥이 아파 오면 아들이 사준 핏빗(Fitbit) 화면에 팡파레가 울린다. 왼손 윗부분에서 시작해서 온몸으로 이어지는 팡파레 전율이 전기 감전처럼 다가온다. 목표한 걸음을 걸었다.

주어진 길을 가고 정해진 걸음을 다 한 후에 나는 그분을 볼 것이다. 그런데 보기 전에 느끼고 있다. 내가 혼자가 아니라는 걸 ….

설렘

골목길 (사진 홍은택)

사전은 '설레임'을 비표준어로, '설렘'은 표준어로 받아들이지만 심정적으로 설렘보다는 설레임이 더 좋다. 설렘은 내 인생의 중요한 표지다. 살아 있다는 것과 설렘이 같은 선상에 있다는 걸 본다.

난 설렘이 좋다. 재하, 재헌이를 만나러 가는 날은 많이 설렌다. 아이들의 작은 얼굴이 내 목 살결에 닿을 때 설렘은 풍선 마냥 부푼다. 성량이 작은 둘째의 목소리가 귓가에 닿을 때 마치 세미한 그분의 음성을 듣는 것처럼 설렌다.

필라델피아의 가을날 날 마티즈 특별 전시회에 갔다가 그림 앞에서 산소 호흡기를 들고 그림을 바라보던 흰머리의 할머니를 보며 마음이 설레었다. 내가 본 어떤 여자보다 아름다웠다. 머리의 흰색과 흰색 아래 핑크빛 블라우스가 묘한 대조로 다가왔다.

시카고미술관 호퍼의 그림 앞에 섰을 때, 아들이 보낸 '보고 싶다'는 문자를 읽는 순간 심장이 뛴다.

내 머릿속의 지우개처럼 지워져 가는 기억 중에 떠오르는 첫 설렘은 중학교 때다. 신당동 전화박스에서 함께 과외 받은 미숙이에게 전화하던 순간은 마치 지진이 난 것처럼 마음이 흔들렸다.

동전 넣을 때 손이 가늘게 흔들렸고 동전 떨어지던 소리에 간이 더 떨어지는 것 같았다. 스프링 탄력을 따라 돌아가는 원안의 번호 하나하나를 돌릴 때 머리가 핑핑 도는 것 같았다. 가늘게 떤 손가락으로 돌린 전화 너머 들리던 그 목소리는 새벽 양수리 호수에 물안개 피어오르던 강 건너 나무처럼 희미하고 신비로웠다.

설렘 없는 내 인생은 생각하기 싫다. 설렘은 마음이 들뜨고 두근거리는 게 아닌 감정의 심장이다. 심장이 뛰지 않으면 몸이 죽은 것처럼 설렘 없는 감정은 생각하기 싫다.

　주님 앞에 서면 설렌다. 강의실 의자 한편에 앉아 그분이 날 찾으시는 시간을 기다릴 때 설렘에 젖어 든다. 토요일 밤 목양실을 나설 때 어깨에 맨 가방 위로 그분이 주신 바람이 스친다. 내일은 내가 이 바람을 보내리라고 속삭이시는 것 같다.

　구름 위에 사람이 서고 바다 위로 길이 나고 죽은 자가 산 자가 되고 산 자가 죽는 자가 되는 그날도 설렐 것이다.

일곱

가족

저 산에 설 때마다
느끼는 건
언어의 빈곤함입니다.

일곱. 가족 *163*

양평

엄마

 딸아이가 사진 몇 장을 보냈다. 연이은 사진이 마치 활동사진 보는 듯했다. 문 열고 빼꼼히 얼굴을 내민 딸의 자식이 엄마를 보자, 두 손을 든 채, 젖은 머리 휘날리며 달려오는 모습이다.
 몸이 엄마를 향해 내던졌다는 말이 더 사실적 표현이었다. 사진 밑에 기록된 딸의 글이 시선을 사로잡는다.
 "이 맛에 살지!"

 학교 끝나고 집에 왔는데 엄마가 없으면 말할 수 없이 쓸쓸했다.
 "엄마, 어디 갔었어?"
 "얘는 다 커서 왜 그렇게 엄마를 찾아?"
 그렇게 말씀하시면서도 싫지 않은 눈치셨다.
 집 대문 열고 엄마가 집에 있으면 마치 온 세상이 내 것 같았다.
 따뜻한 오후 햇살에 가방을 받아 주고서 "배고파?" 하면 "응!" 하고 대답하던 아들은 늙어서도 그 엄마가 그립다. 독수리 다섯 키우기 힘들다며 하시던 말씀이 내 머리에 새겨져 있다.
 엄마 힘들 것 생각해서 이렇게 말씀하셨다.
 "옷은 두 번씩 입고 양말은 벗어 대야에, 할 수 있으면 한 번씩 더 신어라. 밥 먹으면 싱크대에 넣어 두고 그릇은 너희들이 좀 씻어 놔라."

시인 심순덕 씨가 쓴 〈엄마는 그래도 되는 줄 알았습니다〉라는 시가 있다. 그 시 안에서 내 엄마를 본다.

> 아버지가 화내고 자식들이 속 썩여도 전혀 끄떡없는 엄마는 그래도 되는 줄 알았습니다.
> 외할머니가 보고 싶다. 외할머니가 보고 싶다.
> 그것이 넋두리인 줄 만….
> 한밤중 자다 깨어 방구석에서
> 한없이 소리 죽여 울던 엄마를 본 후로는
> 아! 엄마는 그러면 안 되는 것이었습니다.

엄마도 유독 당신 엄마 이야기를 많이 하셨다. 너희 외할머니 같은 사람 없다. 함께 사는 시어머니의 시집살이가 심할수록 당신 엄마가 보고 싶었던 거다. 어린 나는 '우리 할머니가 좋은데 …'라고 생각하며 그 말을 들었다.

그 엄마가 떠난 자리에 딸이 보내온 사진에서 엄마가 사무치게 그리워진다. 어릴 때 마당에 가마니 깔고 그릇 닦고 전 부치며 상 위에 올라온 소고기국의 무가 내게는 추억이지만 엄마에게는 고생이었다는 걸 그땐 몰랐다.

추운 겨울날 반장이라고 찾아온 엄마 몸에 변변한 옷이 없어 보였는데 그게 내 옷을 사 주었기 때문이란 걸 그때는 알지 못했다.

떠나는 아들 뒷모습을 보고 뒤로 돌아앉던 내 엄마의 등이 얼마나 시렸을까 그때는 몰랐다.

재가 되어 백자에 담긴 내 엄마의 몸에 그렇게 많은 쇠붙이가 있었는지 그때는 잘 몰랐다.

아들은 엄마에 대해 아는 게 너무 없었다. 그래서 시인의 "엄마는 그러면 안 되는 것이었습니다"라는 말이 이렇게 시리도록 아파 온다.
'엄마!'
어디서라도 한 번 불러 보고 싶은 단어가 되었다.

사랑해

이제 막 세상에 온 재하를 처음 만난 건 플로리다였다. 8월의 태양이 작열하던 날 비행기에서 내려 자식의 자식을 볼 수 있다는 은혜를 안고 갔다.

열린 아파트 문으로 들어가 조심스럽게 방문을 열었다. 침대에 누운 재하는 엄마의 애비가 온 걸 모른 채 잠들어 있었다. 얼굴을 보는 순간 사랑이 뭔지를 알았다. 사랑은 흥분이고 설렘이며 감각이었다.

로마 어느 성당 천장에 그려진 하나님의 손가락과 아담의 손가락 접촉보다 이 손댐이 더 실제적이고 감각적이다.

재하가 눈 뜨기를 기다렸다. 새벽을 기다리는 파수꾼 심정으로 … 그 아이가 눈을 뜨는 시간, 내 마음은 하늘에 가 있었다. 마치 열린 문으로 들어오라는 음성을 들은 사도 요한처럼 재하를 향한 사랑은 그렇게 시작됐다.

'재하야, 사랑해!'

둘째 재헌이가 태어나던 날, 무딘 손으로 파스텔을 잡았다. 보내준 사진대로 아이의 눈과 입을 그렸다. 이마 위에 손이 가고 색을 칠하면서 하나님의 마음이 뭔지 알 것 같다.

흙으로 코를 만드시고 코에 입술을 대신 그분의 마음은 사랑. 내가 너를 최고로 만들었다. 내 모양대로 내 형상을 따라서 ….

잘 그리고 싶다. 배움 없는 손길이지만 배운 이보다 잘 그려 내고 싶다. 갈 수 없고 가 볼 수 없었던 사진 속 만남이지만 가서 본 것처럼 그리면 좋겠다. 하나가 둘이 되는 신비 속에 파스텔의 색감은 그렇게 짙어 갔다. 세월이 흘러 그 그림을 보여줬다.

아이의 손가락이 그림을 가리킨다.

"하찌, 누구야?"

"재헌이 ~"

그날 내 마음은 날아가고 있었다.

'재헌아, 사랑해!'

그 두 아이가 엘리베이터 안에서 만났다. 둘이 하나가 돼 다니던 유치원에서 이제 형이 학교에 가게 됐다. 아침 일찍 나가는 형을 보기 위해 동생은 잠든 눈을 비비면서 형을 보내고 자기는 형이 없는 유치원을 보고 운다. 형은 우는 동생을 놔두고 학교 버스를 타며 그들은 그렇게 헤어졌다

그날 오후 동생이 로비에서 형을 기다리고 둘은 엘리베이터에서 만났다. 형의 얼굴이 동생을 안고 동생의 손은 형의 허리에 감겨 있다. 내가 살았던 몽고메리 카운티 공원에 나무의 등을 안고 올라가던 쌍덩굴처럼 둘은 서로를 안고 있었다. 서로 헤어지지 않을 듯이 ….

일곱. 가족   *169*

형의 얼굴이 동생을 안고 동생의 손은 형의 허리에 감겨 있다.
내가 살았던 몽고메리 카운티 공원에
나무의 등을 안고 올라가던 쌍덩굴처럼 둘은 서로를 안고 있었다.
서로 헤어지지 않을 듯이 ….

내 엄마의 등

어제 서울 경기 북부 지역 '기도하는 엄마들의 모임'에 앉아서 기도하는 엄마들의 모습을 보며 생각난 건 엄마다. 내 엄마….

누구에게나 시간이 지나도 지워지지 않는 그림이 있기 마련이다. 엄마의 그림은 미술관 어디서나 눈에 띄는 자리의 명화처럼 시간이 지날수록 빛깔이 더 우러나는 걸 본다.

일 년에 한 번씩 미국에서 건너온 아들은 이름 그대로 재미동포였다. 아들이 이민 가면 "아들이 아니라 동포다"라는 말처럼 엄마를 생각하는 마음만 애절했을 뿐이다.

자녀 위해 기도하겠다며 모여든 엄마와 할머니들의 등에서 내 엄마의 젊은 등과 늙어진 등이 겹쳐진다.

사전에 '등'이라는 단어를 찾아보았다. 언어 전문가들도 딱히 정의할 길이 없어서인지, 등을 가슴과 배의 반대편이라고 적었다.

배와 가슴의 반대편이 바로 등이라….

아들 다섯 먹이느라 처진 엄마의 가슴 반대편 등이 과연 온전했을까?

그 등으로 많은 짐을 지고 사셨다. 동생 사는 아파트 창문에서 노인정 향해 걸어가던 엄마의 등은 굽어 보였다. 굽고 굵어진 엄마의 등은 목과 하나가 되고 있었다.

어느 시인이 말한 어쩔 수 없는 향수에 슬픈 모가지를 하고 먼 산 바라보던 사슴은 아니지만, 자식들에게 평생 그 눈을 떼지 못하던 목인데 그 목과 등이 붙은 것처럼 천천히 걸어가고 있다.

가다가 쉬고 또 걷고 엄마가 가는 노인정 팻말은 그렇게 멀리 보였다. 아파트 이름은 'e편한 세상'인데…. 내 엄마의 걸음은 그리 편해 보이지 않았다.

  자식 이름을 부르며 기도하겠다고 그 넓은 지하실을 가득 채운 엄마들 기도에서 내 엄마의 기도를 들었다.

"엄마 나 위해서 기도하지?"
"그럼, 맨날 기도한다."
"엄마 건강해야 돼요."
"걱정 말아. 엄마는 건강해."
"너나 조심해!
너는 어려서부터 몸이 약해서, 이만 끊자. 전화세 많이 나온다."
"엄마, 요즘은 국제전화 싸."
"그래도 전화세 많이 나온다. 엄마, 전화로 한번 기도해 줘요."
"하나님, …."

그렇게 시작된 내 엄마의 기도를 다시 들을 수 있다면!

어미의 무덤

목회자이기에 받은 은혜 중 하나는 세상을 떠나가는 이들의 마지막 순간을 함께할 수 있다는 것이다.

미국 장례에 임종 예배가 있다. 임종 순간에 가족들이 목회자를 불러 예배하는 걸 말한다. 죽음을 앞둔 부모에게 남은 가족이 하고 싶은 말을 전할 수 있다. 그때마다 듣는 두어 마디가 '사랑해 그리고 미안해, 고마워'였다.

부모의 임종을 지켜본다는 건 자식으로서 복이라고 말할 수 있다. 그러나 난 어머니의 임종을 함께하지 못했다.

인천 공항 입국장에서 동생으로부터 "형 … 엄마가 막 돌아가셨어"라는 말을 들었다. 자기 엄마의 죽음을 보지 못한 자식이 됐다. 그 후 임종 예배 자리 때마다 제 엄마에게 못 했던 말을 남의 자식 입을 통해 말하곤 했다.

성남공원에 자리한 엄마의 집은 너무 높은 위치에 있다. 아들의 나이는 그 계단에서 증명된다. 아직은 괜찮은데 언젠가 이 계단도 오르기 힘든 날이 올 것 같다. 매 주일 강단의 많은 계단을 오르고 내리는 나로서도 엄마의 집, 그 긴 계단은 쉽지 않다. 하긴 그보다 높은 집이 많으므로 이 정도 높이를 감사하기로 했다.

높은 곳에 자리 잡은 탓에 위에서 내려다보이는 풍광은 보기 좋았다. 흐르는 땀을 닦고 숨을 내쉰 후 엄마의 집 앞에 앉았다. 아들에게 엄마의 무덤과 마주하고 있으면 남은 삶을 돌아보게 하는 마법의 성이 된다. 기억의 창고에서 엄마와 지냈던 새끼 강아지의 기억처럼 모락모락 먼 옛날 추억이 올라온다.

솥뚜껑을 행주로 닦으면서 웃으시던 어미의 얼굴은 참 예뻤다. 참빗으로 빗어 내려 쪽 지은 어미의 머리 위에 나무 판때기 사이로 얼굴을 내밀던 아들은 그 밥 냄새에 행복해했다.

아들은 어미를 몰랐다. 어미는 아들을 잘 알았어도, 남의 남편이 되고 손자의 할아비가 된 아들은 자기 어미의 마음을 너무 모르고 살았던 것이다. 그래서 어미의 집에 갈 적마다 임종 때 들었던 말을 하게 된다.

"엄마, 고마워, 사랑해 그리고 나 많이 미안해요."

할머니

언제부턴가 돌아가신 할머니가 자주 생각난다. 뜬금없이 웬 할머니 하겠지만 학교 옆 공원에서 할머니 한 분을 전도하며 마음 한구석에 지워져 있던 우리 할머니가 떠올랐다.

할머니는 유난히 키가 작았다. 허리도 굽어서 더 작게 보였으며 어금니가 빠진 입 한쪽은 움푹 들어갔다. 마치 성동구 어느 골목 입구 전봇대 아래에 패인 웅덩이가 눈에 보이듯 함몰된 입 주변이 먼저 눈에 띄었다. 철없던 손자는 그게 어금니 상실에서 온 가난의 증거인데도 마치 처음 날 때부터라고 생각했다.

할머니가 끓여 주시던 돼지고기국은 좀 특이한 맛을 풍겼다. 우선 할머니는 고기를 잘게 썰었다. 할머니의 칼에 고깃덩어리가 살코기와 비계, 비계 위에 껍데기로 각각 나눠졌다. 어떤 껍데기에는 시커먼 털까지 붙어 있던 걸 기억한다.

할머니는 돼지고기국에 꼭 두부를 넣으셨다. 두부가 국물의 깊은 맛을 잡아먹는 역효과가 있지만 할머니의 두부는 국물 맛을 오히려 맑게 해 주었다.

짜지도 맵지도 않은 고깃국물에 밥을 말아 먹으려 할 때 설렜다. 국물의 선과 만나는 지점까지 밥을 듬뿍 넣는다. 고기는 어딘가 숨겨지고 우연히 입안에서 씹혀지게 먹었다.

빈약한 살림 형편에서 삼켰던 돼지고기 껍데기가 어린 내 치아 사이사이로 파고들어 적절한 저항감을 전하며 고기 맛을 높여줬다.

가끔씩 할머니가 끓여 주시던 그때의 돼지 김치찌개가 그립다. 교회에서 시원한 김칫국물에 마지막 밥을 비벼 먹을 때면 할머니 모습이 떠오른다. 모락모락 김이 나는 흰쌀밥에 붉은 김칫국물을 넣고 드실 때, 나도 수저 끝으로 떠먹으며 할머니에게 무슨 맛이냐고 묻던 그 손자가 이제 '하찌'가 되었다.

　세월이 그렇게 흘러갔다. 전도사가 된 손자가 할머니의 마지막 임종 자리에서 권한 전도를 듣고 하신 말씀은 "나 돈 없어"였다. 평생 돈에 매인 삶을 사시던 할머니의 무의식에서 나온 말이다. 그 할머니께 적극적으로 복음을 전해야 했는데 … 그 손자가 지금 이렇게 후회가 된다. 다시 보고 싶은데….

버려야 할 것들

"뭐라도 한 가지는 집으로 가져와야 한다. 그게 집안이 흥하는 길이란다."

우리 할머니의 신조였다. 자신의 신조를 몸으로 실천하며 지금은 평촌이 되어 버린 동네 길에서 굴러다니는 물건을 가져오셨다. 집 대문 옆 공터에 할머니가 가져오신 물건이 수북이 쌓여 갔다.

그런 할머니가 엄마에게는 고민이었다. 그걸 옆에서 본 나는 다르다고 생각했다. 그래서 아낌없이 버리는 품목이 있다.

유통 기간이 지나 굴러다니는 것들이다. 음악 CD와 실패한 그림, 오랫동안 서재에서 자리만 차지한 책과 도움 줄 것 같아 제목으로 골랐다가 실패한 책도 버린다. 설교관이 달라지며 본받아야 할 설교자의 책까지 과감히 없앴다. 그랬는데 잘 버려지지 않는 건 옷이다.

바다 건너올 때 함께 가져갔고 다시 건너올 때 되가져온 정든 옷. 왜 당시 사람들은 그렇게 옷을 크게 입었는지…. 실제 치수보다 큰 옷을 생각해 보면 그게 그 시대를 대변하는 넉넉함의 상징이었나 보다. 나이 들고 체중이 빠지는데 젊은 시절의 큰 옷들이 다윗에게 입혀진 사울의 갑옷같이 커 보인다.

유행 지난 옷을 못 버리는 이유가 뭘까?

아마도 '차남 신드롬' 때문인 것 같다. 형이 입던 교복을 물려받아 소매 걷고 입었던 기억, 금방 자란다며 한 치수 큰 신발을 사 줘 신문지 깔고 신던 어린 시절의 내가 살아 있었던 것이다.

'감정 전이'라는 게 있다. 어릴 적 형성된 세상 인식이 당시엔 적절했지만, 성인이 된 이후는 적절하지 않은데 전이된 상태가 현실에 작용하는 걸 말한다. 뭐라도 가져와야 한다는 할머니의 인생관이 옷장에 남아있는지 모르겠다.

처음 담임목사 나갈 때 사 주셨던 옷, 동생이 강남에서 기죽으면 안 된다고 때마다 사 주던 옷도 특별하다.

주례 감사로 주어진 옷과 취임을 축하하면서 바다 건너 그 교회가 해 준 옷들, 딸을 보내기 위해 결혼식에 입고 들어간 옷도 추억이 되어 옷장에 걸려 있다.

양복이 걸린 봉 무게가 내 마음을 지탱하는 짐 무게처럼 다가온다. 장롱 옷을 정리할 시기가 왔다. 채우기 위해 비우는 게 아니라, 비우기 위해 버려야 할 것 같다.

가족사진

아들과 함께 살고 싶은 생각에 미국에서 살고 있는 아들을 불러들였다. 그러나 아들은 냉정히 적응 불가 판정을 내리고 떠나갔다. 반 고흐의 〈별이 빛나는 밤〉 그림 장면같이 아파트 불빛이 강물 위에 어리는 한강에서 아들은 말했다.

"아빠, 내가 살 곳은 아닌 것 같아."

떠나간 이는 아쉬움이 없는데 남아 있는 자만 아쉬운 이별이었다. 아들은 새벽 비행기에 몸을 싣고 그렇게 떠나갔다. 아들을 만나려면 애비가 시애틀 비행기에 몸을 실어야 할 것 같다. 92년에 처음 가 본 시애틀이 이젠 아들의 도시가 되나 보다.

이런 날이 올지 모른다고 서두른 아내 덕에 가족사진을 찍었다. 큰 손자 돌잔치 때 안 보이던 둘째 손자가 해맑은 얼굴로 합류했다. 다 합치면 일곱, 아들 옆자리에 누군가 있었다면 하는 아쉬움에 일곱이 완전수처럼 느껴지지 않는다. 그렇게 홀로 찍힌 아들 모습을 봤다.

"아빠 서재에 있는 이 책들은 다 누구를 주니?

아들이 물려받으면 어떠니?"

혹시 하는 마음에 말을 건네보지만 아들이 웃으며

"또 이러신다. 기증하세요."

그래 기증해야겠지 … 못내 아쉬웠다. 애달팠다.

어느 시골에 노인 어른이 임종을 맞고 있었다.

그런데 의사표시를 못 하는 노인의 임종이 자꾸만 늦는 게 아닌가? 애달픈 가족들에게 노인의 친구가 말했다.

"아버님을 들어서 머리를 반대쪽으로 뉘어 봐라."

아들들은 어른의 말이라서 일단 아버지를 들어 반대편으로 놓았더니 조금 있다가 임종을 맞았다. 아들들은 사연이 궁금하여 그 어른에게 물었다.

"너희 아버지는 큰아들 집에서 죽고 싶은데 셋째 아들 집에 있다고 여겨 못 갔던 거야. 그래서 몸을 들어 옮기면 큰아들 집으로 왔다고 생각하게 되는 거지."

당사자에게 이야기를 들으면서 고개가 저절로 끄덕여졌다.

미국에서 수술 마치고 햇살 잘 드는 병실에서 갑자기 든 생각이다.

'아! 나이 들면 아들 곁에 살고 싶다.'

나도 나 스스로에게 놀랐다. 나도 이런 생각을 할 수 있구나. …

컴퓨터 사진 속에 아들의 굵은 허벅지와 커다란 두 손이 아픈 내 허리를 누르고 있다.

"아빠, 운동을 해야지…. 아빠는 그게 문제야."

아들은 그렇게 속삭였었다. 아들은 바다 건너에 있으나 사진 속의 아들은 지금 내 곁에 있다.

그리움

아들이 사진을 한 장 보내왔다. 미국서 살려면 풋볼을 알아야 될 것 같아 아빠에게 풋볼 규칙을 침까지 튀겨 가며 열심히 알려 줬었다. 그러나 워낙 운동과 담을 쌓고 살아온 아버지를 두었기에 아들의 노력은 실패했다.

그 아버지가 실패한 풋볼 경기장에서 찍은 사진이었다. 눈에 띄는 건 아들 옆에 있는 한 남자이다. 인파로 가득 찬 경기장을 배경으로 인자한 모습을 하며 서 있는 내 또래의 남자. 대충 어깨너머 정보로 회사 부회장이라고 했다.

내 눈에 그들은 아버지와 아들처럼 친밀해 보였다. 내가 있어야 할 자리에 다른 사람이 서 있는 듯한 …. 가끔 내가 아들 키워 미국에 준 게 아닌가 하는 생각을 가졌는데, 그 같은 느낌이었다.

아들은 만나면 딱 10분간 좋다는데 그래도 듬직한 아들이 보고 싶을 때가 있다. 버지니아를 떠나려 할 때 아들이 물었다.

"아빠, 내 인생은 뭐야?

난 왜 아빠가 옮기는 데로 가야 하는 거야?"

당연한 걸 물어 당황했다.

"그럼, 아빠 따라가는 게 당연한 거 아니야?"

당시는 그게 옳다고 생각했다.

처음 전임전도사로 부임한 강북을 떠나 강남에 담임으로 올 때, 아이는 초등학교 2학년까지 다니던 강북에 행복한 시절을 남겨 두고 따라왔다.

강남에서 초등학교 마치고 이제 막 중학생 된 아들의 행복을 다시 흔들고 비행기를 탔다. 이번에는 먼바다 건너 낯선 땅. 아들 의지와 관계없이 의견 한 번 묻지 않았다.

그렇게 미국 중학교에서 아들은 다시 적응력을 발휘했다. 생각하면 쉽지 않은 일, 그 아들의 노력을 다시 흔들어야만 했다.

이제 적응해서 나름 인간관계를 맺고 살아가는 아이에게 다시 옮겨야 한다고 말했으니 ….

그때 아들 반응이 "아빠, 내 인생은 뭐야"였다.

그 아들을 데리고 다시 필라델피아로 왔다. 아들이 대학을 정할 때 자신이 억지로 떠난 땅에 다시 가겠다고 했다. 그때는 아들의 아픔을 이해했다. 준비 없는 아비가 아들 마음을 많이 헤아리지 못했다는 자책이 들어 사과했다.

아들이 자신의 방황을 끝내고 버지니아에서 내게 전화하던 날, 나는 많이 울었다.

"아빠, 기다려줘서 고마워."

아마 내 아버지도 나를 그렇게 그리워했을 것 같다. 병상에서 자신이 동의하지 않은 길을 간 아들의 기도를 기다리셨을 아버지, 그 아들이 이제 다시금 아들을 그리워하고 있다.

빈자리

지난 열흘은 아들을 찾아 시애틀로 떠난 아내의 빈자리를 보며 지냈다. 공부 때문에 외국에 나간 적은 있어도 아내가 나를 두고 혼자 오랜 시간 떠난 건 처음이다.

아내가 냉장고 위에 붙여 놓은 순서로 국과 반찬을 꺼내 먹는 수고로움이야 당연해서 수고라 생각지 않았다. 아무것도 할 줄 모르는 남편을 위한 아내의 배려에 그저 감사할 뿐이다.

공항버스를 기다리던 아내 눈에, 두고 가는 남편 걱정과 새로 만날 아들에 대한 반가움이 교차된다.

"걱정 말아요. 잘 먹고 있을 테니까. 가서 즐겁고 행복한 시간 보내요. 맛있는 거 사 먹고 시애틀 구경도 잘하고 …."

그런 아내를 보내고 뒤돌아서는 마음에 봄날 나비처럼 사뿐히 찾아 든 단어가 '자유'였다. 정말 그랬다.

목양실에 늦게 있어도 언제 올 것인가 묻는 전화도 없다. 언제까지 들어간다고 알려 줘야 할 의무감 없이 지내는 나를 본다.

늦게까지 책 읽어도 잠을 안 자면 어떡하느냐는 아내의 경고도 없다.

반바지 운동화에 귀에다 이어폰을 낀 채 걸어도 된다. 당현천과 중랑천이 만나는 곳에 서서 밤하늘 별을 세도 될 시간이 내게 주어졌다.

방송국 녹화 마치고 오면서 강변길에 자동차 세워 놓고 서강으로 흐르는 강물을 바라보며 있어도 된다.

점심시간 이용해 부교역자들과 북서울미술관에 들르고 비 오는 동일로 거리도 잠시 바라볼 여유마저 생겼다.

물론 집사람이 있어도 할 수 있는 일들. 그래도 왠지 혼자 있게 된 자의 여유로 치부하고 싶은 것도 사실이다.

하루 이틀 사흘이 지나자 거북해지는 건 불 꺼진 집에 들어가는 일.

"목사님, 아내가 먼저 가고 가장 힘든 게 아무도 기다려 주지 않는 집에 불을 켜는 일입니다."

20년 전 부인을 먼저 보낸 분이 들려준 말이 생각났다. 문 열고 들어서면 켜지는 현관 조명은 거실 너머 불 꺼진 어둠만 짙게 만들어 줄 뿐이었다. 컴컴한 안방 조명과 "이제 왔어요" 하고 불러 줄 목소리가 없는 집은 그동안 느꼈던 자유를 잡아먹기에 충분했다.

둘이 있다가 홀로된 분들이 생각났다. 이게 열흘이 아니고 남은 평생을 지내야 한다면 … 생각이 거기에 도달하는 순간 자유는 다시 나비가 되어 날아가 버린다.

하나님 손에 있는 미래를 누가 알 수 있을까?

열흘이 아닌 또 다른 시간에 혼자 남겨지는 건 자유가 아닐 것이다. 돌아온 아내 소리가 다시 집 안에 들려온다.

"어떻게 하려고 그렇게 안 자는 거지요?"

"여보 카톡 좀 보세요. 몇 시에는 출발을?"

"늦으면 안 돼요."

이제 불 꺼진 집에 들어가지 않아 행복한데 나비가 날아간 방향을 보게 되는 건 웬일인지 ….

형 같은 동생

"식아! 형이 늘 기도하고 있다."
"고마워요."
전화 끊을 때마다 항상 하는 말이다. 내게는 형 같은 동생이 있다. 어릴 때부터 엄마에게 듣던 말씀이 하나 있었다.
"둘째는 동생인 셋째보다 철이 없어."
어머니 말씀은 사실이다. 동생은 유난히 속이 깊었다. 동생과 이야기를 하다 보면 세 살 차이가 단지 숫자일 뿐, 현실에서는 오히려 나보다 더 성숙했다.
아버지 사업을 일찍 이어받아 사업으로 자수성가한 동생과 내가 어디를 함께 가면 사람들은 동생을 형으로 안다. 독수리 5형제 중에 셋째의 외모가 가장 뛰어났고 의젓했다.
자동차 면허 따고 생애 처음 가진 중고 자동차는 동생이 마련해 주었다. 차를 인수하러 갔을 때 차 주인이 내게 했던 말은 "형님이 새 차를 사는데 형 차를 타지 왜 이 차를 샀느냐"는 것이었다.
당시 동생의 차는 이제 막 강도사가 된 신분으로 타서는 안 될 차였다. 그래서 소리 없이 웃기만 했다.
세월이 지났는데도 여전히 모르는 분들 눈에 동생은 나의 형이었다. 강남에 담임으로 간 형의 가오가 죽으면 안 된다고 긴 세월 동안 양복을 마련해 준 것도 동생이다. 나이 들어 유학의 길을 떠난 형을 위해 도움을 준 사람도 동생이었다. 내게 그는 형과 같은 동생이다.

그 동생이 옛 기억을 하나씩 잃어 가고 있다. 십수 년을 살던 아파트 호수를 잊어버리고 다른 집에 서 있거나 때로는 길을 배회하기도 한다. 현관에 서서 신발을 한쪽으로 신고 나머지 한쪽을 바라보고만 있는 동생을 보는 내 마음이 많이 아려 온다 ….

양성 여자, 음성 남자 사이에

겨울강

거울 앞에 서서 면봉을 콧속에 넣었다. 오른쪽으로 여러 번 왼쪽으로 그만한 숫자로 돌렸다. 지난 2년 동안 한 번도 해 보지 않은 코로나 검사를 하게 된 건 강화된 방송국 지침 때문이다.

방송국에서 〈성서학당〉 녹화하기 전날, 자가 검사를 하고 그 결과를 보내 달라는 부탁을 받았기 때문이다. 결과는 음성이었다.

그런 내가 이번에는 코로나 검사를 받기 위해 노원보건소 앞 길 긴 줄에 서 있다. 다행히도 날씨가 풀려 추위는 덜했지만 차례를 기다리는 동안에 목도리를 가져오지 않은 게 아쉽기만 했다.

친절한 국가에서 보내온 검사 결과는 음성이었다.

"최정권님, 코로나19 PCR 검사 결과 음성입니다."

같이 사는 분이 양성 반응을 보여서 지금까지 3일째 얼굴을 보지 못하고 있다. 같은 지붕에 살지만 양성을 보인 그녀와 음성을 받은 남자 사이에 큰 간격이 생겼다.

양성과 음성은 글자 하나 차이지만, 이 차이가 방도 각자, 화장실도 각자, 식사도 각자 하게 하는데 서로 얼굴을 보는 일이 없다.

잊히는 얼굴 대신 대화는 전화로 하는 탓에 둘이 살게 된 이후로 가장 많은 통화량을 기록하고 있다. 양성을 가진 여자는 방문을 여는 법이 없고 음성을 가진 남자는 갇힌 자유를 누리고 있다. 속박된 자유를 누리는 음성의 남자는 창문 너머 다른 아파트를 보고 있다.

양평의 강에서 본 석양처럼, 그 아파트 벽면에 해가 지고 다시 지고 뜨면서 이제 3일이 되었다.

요나가 물고기 뱃속에서 보낸 삼 일을 지나 남아 있는 나흘을 보내고 뵙겠습니다. 그때도 방역 규칙이 삼 일은 조심하라고 하니까 멀리서 여러분을 뵙겠습니다.

기도해 주셔서 감사합니다.

갇힌 이들을 위한 글

당현천

사상 문제로 옥에 간 분이 운동장 구석에 서 있는 눈 사람을 봤습니다. 그를 울린 건 눈사람 가슴팍에 새겨진 글이었습니다. 타다 남은 연탄 조각으로 새겨진 글은 다음과 같았습니다.

"나는 걷고 싶다."

국가에서 정한 칠 일을 갇혀 지내야 하는 저는 걷는 대신 잤습니다. 목마른 사람이 우물을 판다고, 거지가 잔칫집에 초대받은 양 자고 또 잤습니다. 처음에는 몸의 시계를 따라 새벽 시간에 눈이 떠졌지만 삼 일이 지나자 몸이 알아서 저를 재워 주었습니다.

비슷한 경험을 하고 있는 분들에게 드리고 싶은 말은 관계와 휴식에 집중하라는 겁니다. 가족이 좀 더 친밀해지는 시간이 되고, 뜻밖에 휴가라 생각하고 쉼이 되는 시간이 되기를 바랍니다.